「なぜか売れる」の公式

理央 周

nbb
日経ビジネス人文庫

どこかにありそうな焼鳥店

ある街に、新規開業した焼鳥店がありました。オーナーは、かつて中堅商社でアパレルを担当していた人物です。

オープン当初こそ来客は多かったものの、その後売り上げは低迷、赤字が続きました。

その店の近くには、フレンチ・レストランのシェフから転身した店主が営む居酒屋があり、お洒落な店構えと斬新《ざんしん》なメニュー構成で人気を博しています。

それを見た焼鳥店のオーナーは、「飲食店は女性を呼ばなくては」と考え、店をカフェ風に改装し、メニューにも流行のスイーツを取り入れました。

改装後、女性客や若いカップル客が増えました。しかし、数週間後には来客が激減し、挽回不能なほどの赤字を計上するようになりました。

結局、その焼鳥店はつぶれてしまいました。

どこかにありそうなＣＤショップ

ある街に、古いＣＤショップがありました。歌謡曲や演歌が売り上げの中心です。しかし、かつてに比べて来店者は大きく減っています。

店主は「自分も歳だし……」と、廃業も考えましたが、中堅食品メーカーでマーケティングを担当していた次男が、店を継ぐと言いました。

その頃、近くの自転車店は、ＳＮＳを使って、イベント告知など顧客との交流を盛んにして、売り上げを伸ばしていました。

それを見た次男はＳＮＳやブログで新譜情報を流し、顧客と交流しようとしました。しかし、来店客数は上向かず、経費増で経営は悪化しました。

ちなみに次男は、仕入れの勘もはたらかないため、「慣れるまでは」と、商品構成は店主である父親に任せています。

この2つの物語は、「売ること」がいかに難しいかを示します。
いずれも、売りたいと思った策が、大きく裏目に出ています。
この2つの失敗は、不運の産物でしょうか。
私にはそうは思えません。
では、何が問題で、どうすればよかったのでしょうか。

＊いずれも実話を大幅に脚色したフィクションです。
1話目の答えは第1章、2話目の答えは第3章にあります。

なぜ「あれ」は売れるのに、「これ」は売れないのだろう。
どうすれば、売れる商品、売れる店を生み出せるのだろう。

プロローグ

売るためには、3つのポイントだけで考える

なぜ売らなければならないのか

どんなビジネスでも、すべては「売る」ことから始まります。これは業種が何か、あるいは会社か、個人かなどはまったく関係ありません。

商品にしろ、サービスにしろ、顧客に選んでもらい、買ってもらい、代金をいただかなければ商売は成立しないのですから、すべてのビジネスパーソンは「売る」ことに高い関心を持つ必要があるわけです。

もちろん、顧客に選んでもらうためには、価値ある商品を提供するのは最低限必要なことで、ビジネスの大前提となります。

ただし、優れた商品を用意したからといって、顧客獲得に直結しないのが、ビジネスの難しいところでもあり、面白いところでもあります。

顧客が、その商品を知らなければ、あるいはその商品の価値を知らなければ、まず買ってはくれません。また、たとえ知ってもらったとしても、顧客の心の何かに響かなければ、やはりお金を出してはくれません。

そこで、多くの会社や人は「営業」をするわけですが、やみくもに売ろうとしても、疲弊するだけで効果は上がりません。

そこで、**「やっぱり、マーケティングだよね」**となるわけです。

日本語で答えられないやっかいな質問

では、皆さんは次の質問をされたら、何と答えるでしょうか。

マーケティングを一語で言いあらわすと?

「セールス（sales）」なら「営業」、「アカウンティング（accounting）」なら「経理」、「ファイナンス（finance）」なら「財務」と、多くのビジネス用語には、ぴたりと当てはまる日本語がありますが、「マーケティング」にはそれがありません。

私が行うセミナーでは、初めて参加された方々にマーケティングとは何かを質問すると、

「よくわからないけど、リサーチとか？」

「広告やコピーみたいなもの？」

という答えがよく返ってきます。間違いではありませんが、正解でもありません。

確かに、マーケティング・リサーチという言葉がありますし、マーケティングの基本プロセスとして、市場のリサーチを行うこともあります。もちろん広告を使ってプロモーションも行います。

けれども、リサーチもプロモーションも、マーケティング活動のほんの一部分でしかありません。

たとえば、商品やサービスの価格を決めるのもマーケティングのひとつの側面ですし、新しい顧客を増やすための営業活動もその範疇《はんちゅう》に入るでしょう。

そう考えると、マーケティングとは、守備範囲が非常に広く、定義も曖昧《あいまい》であやふやです。

そんな漠然としたところが、マーケティングをなんだか難しいもの、面倒なもの、やっかいなものと感じさせてしまうのかもしれません。

そういうわけで、「商品を売るためにはマーケティングが重要だ」と思ってはいるものの、実のところ、何をどうしたらよいのかわからない、という方は、案外多いのではないでしょうか。

「売る」のではなく、「売れる」ようにする

では、質問の答えです。マーケティングを一言で言いあらわすとしたら？　セミナーや大学の講義などで、いつも私はこのように説明しています。

マーケティングとは、「自然に売れる仕組みをつくること」

私は、「マネジメントの発明者」と言われるピーター・ドラッカーが大好きです。彼は、企業の唯一の使命は顧客の創造、つまり自分の会社のお客様になってもらうことだと言っています。そのために企業は何をすべきか。マーケティングとイノベーションだというのです。

そしてさらに、究極のマーケティングとは、「ダイレクト・セリングをなくすこと」だとも言っています。つまり、直接売ることをなくす、直接の営業活動を不要にするというのです。

誤解されないように説明を加えるならば、これは、あなたの会社の営業部をなくしましょうとか、営業部員をリストラしましょうと言っているのではありません。顧客に直接「うちの商品を買ってね」と売り込みに行かなくても、買ってもらえる仕組みをつくってから営業をかければ、より効果的だという意味なのです。

つまり、顧客が自然に「欲しい」と思うように、商品をつくったり、市場調査をしたり、いくらで売るかを決めたり、広告を考えたりする。この活動すべてがマーケティングというわけです。

この活動をおろそかにしたまま、やみくもに営業をかけても、決して売れるようにはなりません。

だから私は、マーケティングとは、「自然に売れる仕組みをつくること」だといつもお答えしているのです。

「売れる」の公式は、3つのステップだけ

マーケティングが何かはよくわかった。では「マーケティングを勉強してみよう」と実際に書店でテキストを手に取ってみます。

すると……。なんとかのマーケティング原理だとか、フレームワークだとか、マーケティング・ミックスの4Pだとか、いろんな理論やら専門用語やらが登場して、5ページも読むともうイヤになってしまう。そんな方も少なからずいらっしゃるのではないかと思います。

実は、もっと単純に考えてもらっていいのです。「売れる仕組み」をつくるためのポイントは、たったの3つだけです。

❶何を、❷誰に、❸どうやって

この3つのポイントの順に、どう買ってもらうのかを考える。これがマーケティング活動のすべてだと言っても過言ではないくらいです。現に、大企業にしても同じことをやっています。

商品やサービスを顧客に買ってもらうために何をしているのかというと、まず、顧客に価値を与えられる商品をつくる。これが**製品（商品）戦略**。

次に、その商品がどんな層の顧客に響くのかを具体的に考える。これが**ターゲット戦略**。

そして、それをどうやって買ってもらうかを検討する。これが**プロモーション戦略**。

これら3つの戦略を簡略化すると、「❶何を、❷誰に、❸どうやって」となるわけです。

それぞれに番号を振ったのには大きな意味があります。ここで大事なのが、この3つをこの番号の順番のとおりに考える、ということだからです。

つまり、まずは「何を」を徹底的に考える。次に「誰に」を十分に検討し、最後に「どうやって」を考えるようにするのです。

「流行の売り方」に飛びつくと、ムダばかりになる

私が講師やコンサルティングをやっていると、しばしばこんなことを聞かれます。
「フェイスブックが流行っているから、うちもやりたいんですが……」
「LINE（ライン）が話題になっていますけど、やっぱり、やっておくべきでしょうか？」

こういう方々は、どんな商品をどのような顧客に届けるのか、つまり「何を、誰に」買っていただくのかをしっかり考える前に、フェイスブックやラインといった「どうやって」の部分を先に考えてしまうのです。

「何を、誰に」がしっかり定まらないまま、「どうやって」を考えたとしても、その商品を買ってくれるターゲット顧客層が、フェイスブックやラインをやっていなかったとしたら、まったく意味がありません。

「どうやって」の部分は、ソーシャルメディア以外にも、テレビやラジオのCM、雑誌広告や新聞折り込み広告、イベントやサンプリング提供など、非常に多くの選択肢があります。

ですから、自らが供給している商品特性、またそれを購買する顧客特性を突き詰めて、最適なアプローチを考えるのです。

「みんながやっているから」「流行っているから」と、新しいメディアやプロモーション方法に飛びついても、かなりの確率で時間もお金も無駄になります。

ですから、「❶何を、❷誰に、❸どうやって」、この順番で考えていくことが大事なのです。

「あとづけの理論」だから、とても役に立つ

マーケティングについて説明をすると、多くの方々から批判を受けたり、疑問を呈されたりします。

それらの疑問のうちたいていは、

「いろいろ小難しい用語を使って説明するけれど、すべては成功例から考えられた『あとづけの理論』ではないか」

「さまざまな成功例を紹介するのはいいが、そのまま実践しても、まったく成功につながらないではないか」

こんなところです。

これらの意見について、私はどう思うのか。「おっしゃるとおり」。これしかありません。

では、だからといってマーケティングが役立たないかというと、そんなことはまったくありません。

多くのマーケティング理論は、現実のビジネスの成功例と失敗例を研究し、その「仕組み」を体系化したものです。もちろん、高度なマーケティング理論を学んだうえで、合理的、かつ戦略的に「どう売るか」を考え、実践し、成功している会社や人は多いものです。

一方で学問的な知識をほとんど持たないのに、自分なりに「どう売るか」を考えて、考えて、成功している実務家のケースは、それ以上にたくさんあります。

　ところが、こうした実務家の方々の頭の中の成功事例は体系化されていないことが多く、本人もうまく説明できないこともあります。いわゆる「暗黙知《あんもくち》」ですね。

　そこで、私たちマーケティングの専門家は、売れた事例をひもといて体系化していくわけです。それがマーケティングの理論やフレームワークだったりします。つまり、「形式知《けいしきち》」にしていくのです。

　もちろん、成功事例は、それをそのまま踏襲《とうしゅう》しても成功が再現するわけはありません。時代や場所、顧客が違えば、「何をすべきか」は変わるからです。これは、学校の勉強がそのまま社会で使えるかどうかと同じで、教科書通りやっても、うまくいくはずがないのです。

　ただし、成功した実務家の人々が、「どう頭を使ったか」、その枠組みを学び、自らのビジネスに当てはめて、自分の頭を使って考えて、考えて、考え抜けば、理論を知らずにやみくもに努力するより、おのずと成功の確率が高まります。

超わかりやすい、なのにMBAベース

私は、アメリカの大学のビジネススクールでマーケティングを学びましたが、もちろん理論やフレームワークの勉強は重視されていました。

しかし、そうした理論の勉強は、前提（準備）ではありましたが、それ自体が授業の本質ではありませんでした。実際の授業で大切だったのは、さまざまな事例について、受講者が「なぜ、成功したのか」を自分の頭で考えることでした。

ですから、この本では、大企業の大成功の事例にとどまらず、私がコンサルティングを行った会社の成功事例を紹介しながら、なぜ成功したのか、その理由をわかりやすくお伝えし、皆さんのビジネスに当てはめた際、どう使えるのかを考えていただきたいと思っています。

反対に、やはり負けるには負ける理由がそれなりにありますから、ありがちな失敗例もいくつか取り上げてご紹介していくつもりです。

理論やフレームワークを勉強することはもちろん大切です。けれども、実務家に

とっては、なかなか覚えられない、使いにくい理論よりは、むしろシンプルな理論だけを学び、「使うこと」が大切です。

ですから、本書では、なるべくわかりやすい言葉を用いて説明しました。

「そうは言っても、自分は営業やマーケティングなんか、関係ないし……」

そんなことはおっしゃらないでください。

冒頭にも述べたように、すべてのビジネスは「売る」ことが前提になっています。「売る」ためには、ヒト、モノ、カネ、情報などの経営資源をどう使うかが重要になりますから、経理、総務、人事などすべての部門の方がマーケティングの基礎を知っておく必要があります。

肩ひじ張らずに、構えずに読み進めていったら、マーケティングのバックグラウンドに基づいた考え方が理解できていた。この本が、皆さんにとって、そんな入り口の一冊になればうれしいなと思っております。

装画・本文イラスト・岡田丈
構成・小林裕子

「なぜか売れる」の公式

理央 周

目次

プロローグ　売るためには、3つのポイントだけで考える　7

第1章

顧客には、「天ぷらうどん」を勧めましょう
――「何を」を考える　31

第2章 中学生に自転車を売ってはいけない ――「誰に」を絞り込む

第3章

とびきり美味しいカフェ、さて店名は言えますか ――「どうやって」を練る 127

第4章

その商品、本当に欲しいですか
――顧客目線になる　197

第5章

「売れる」の公式を知っている人
――学んで実践する

第 1 章

「何を」を考える

顧客には、「天ぷらうどん」を勧めましょう

「おすすめ！」が多すぎるうどん屋は失敗する

マーケティング活動を始めるにあたっては、「❶何を、❷誰に、❸どうやって」の順で考えるため、「❶何を」がすべての活動の起点、出発点になります。

そして「何を」が、「顧客が求めているもの」「顧客の期待を超えているもの」なのかどうか、しっかりと考えてみるのが大切です。

不振な会社や店の大半は、顧客価値が低かったり、ニーズが明確でない商品やサービスを売ろうとしています。そして、「何を」が原因であることを突き詰めずに、新規顧客や新規事業の開拓、さらに売り方ばかり考えて、むしろ傷口を広げています。

本書冒頭で、女性客に来てもらおうと、カフェ風に改装して、結局はつぶれてしまった焼鳥店の話を書きました。これ、なぜつぶれたかおわかりでしょうか。

答えは、肝心の焼き鳥の味が美味しくなかったからです。

焼き鳥が美味しくない焼鳥店が顧客に選ばれないのは当たり前です。

まず「何を」から考える

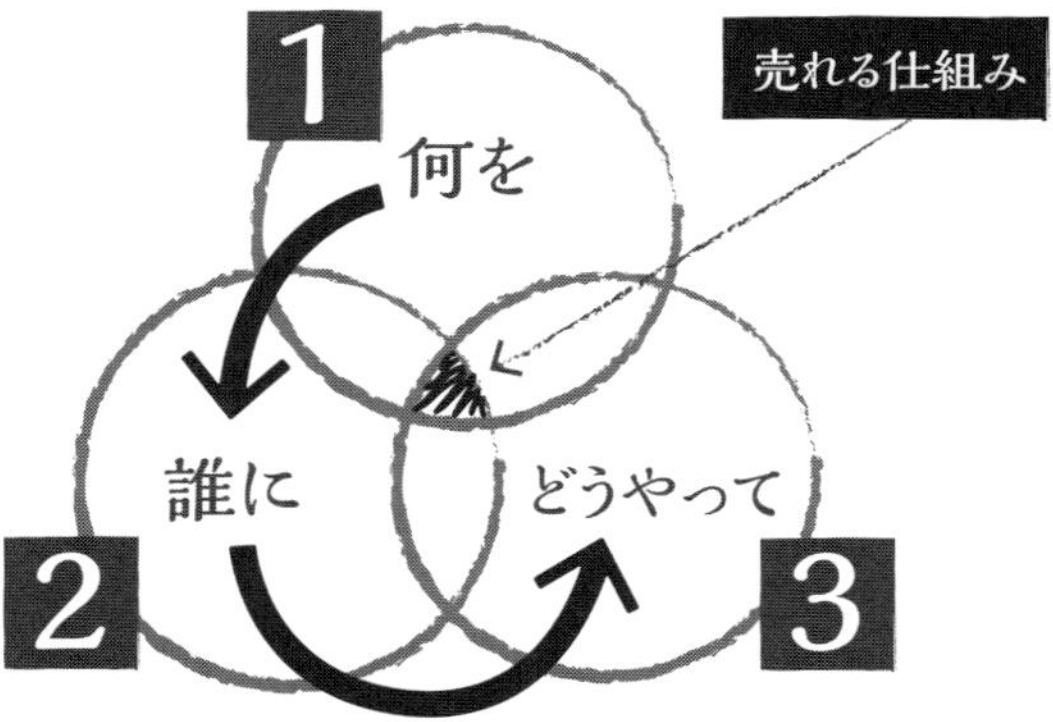

一方で、顧客目線で考えてみると、いい商品を生産したり、供給したりするだけでは十分ではありません。

今は、商品や情報が世の中に氾濫《はんらん》しすぎていて、顧客は何を買ったらいいのかわからない状態にあります。

ですから、自分が本当に売りたいもの、顧客に本当の価値を提供できるもの、それを明確にして、顧客にしっかりと伝える。それが大切です。

まずは頭の体操をしましょう。たとえば、うどん屋さんに行ったとします。

店の壁には、きつねうどん、月見うどん、カレーうどん、鍋焼きうどん、冷やしたぬきうどん……と、何十種類ものメニューがそれぞれ賑やかに、同じ大きさで貼ってあります。

こういう店、どうでしょう。

もちろんメニューが多いこと自体は悪いわけではありません。街の居酒屋さんなど、提供する品数が多いこと自体が「売り」になっている店は数多くあります。

しかし人間は7つ以上の選択肢があると途端に選べなくなると言われます。

食事を提供するうどん屋さんが、多くのメニューをメリハリなく、ずらっと並べて提示すると、客は何を選んだらいいのかわからなくなり、混乱してしまいます。

「自分は、何を食べればいいのだろう？」

ですから、店としては、「うちのイチオシは天ぷらうどんです。数々のグルメ雑誌でも絶賛された一番のオススメです」と、自分たちが最も売りたいもの、顧客にぜひ食べてもらいたいものを前面に出しておきます。

すると、顧客の目は天ぷらうどんにフォーカスされ、選ばれる確率が高くなります。

店に入る前から、「今日は鍋焼きうどんだな」と思っていた顧客も、「イチオシで話題のメニューか、では次は天ぷらうどんを食べに来てみよう」と思って、次の来店につながる可能性も高まります。

なぜその店で食べるのか、どうしてその店で買うのか、その理由を顧客自身にわかってもらうことが大事です。

なぜその店に行くのか。商品以外にも、駅からの距離や店の雰囲気、店員の応対など、顧客に選ばれる理由はさまざまあるとは思います。

けれども、やはり自信を持って勧められる、他店には負けない商品があること、それが重要です。美味しい品、安心して食べられる品は、それ以前の大前提です。

商品を選んでもらう理由がはっきりしてさえいれば、顧客に意識的、自覚的に選んでもらえる店になるのです。

人間は「機能」ではなく、「価値」にお金を払う

では、「何を」のそもそもについて、もう少し見てみましょう。

商品やサービスには、すべて「機能」と「価値」の2つの側面があります。機能とは、性能やスペックと言い換えられるもので、商品そのものが持つ特長や役割を表すものです。

一方、価値とは、その商品を持つことで得られる満足感や、使ったときに感じる高揚感、さらには使用することで得られる効用といった、目には見えないことです。これは、楽しいこと、気持ちいいこと、役に立つことなどという側面から考えることができます。

たとえば、スマートフォンの大きさを機能と価値で考えてみると、「縦12センチ、横6センチ、厚さ8ミリ」のように、仕様書に記載されているものが機能です。

それに対して、「手のひらにすっぽり入る」「ポケットに入れても違和感がない」というと、これは価値になります。

そして、ここからが大切です。**顧客が商品を選ぶとき、最初に注目するのは、ほぼ間違いなく機能ではなく価値です。**商品やサービスの機能そのものよりも、使ったときの価値に重きを置くのです。

というよりも、極端な言い方をすれば、顧客にとっては機能なんてどうでもいい。自らが価値を実感できなければ、お金を払ってくれない、ということになります。

しかも、その価値は、機能から得られる直接的な効用だけではありません。

たとえば、2つのメーカーから販売されている2種類のスマホがあったとします。機械的、ソフト的な機能ではA社の商品が勝っていたとしても、スペックでは劣るB社の商品がよく売れる、という事態は、実際にもあります。

たとえばB社のスマホに、「それを持っているとクールである」「それを使っている人にクリエイターが多い」などのイメージが付与されている場合、センスがいいと思われたい顧客は、B社商品を買い、使うことに価値を見いだすわけです。

天ぷらうどんの価値は、味と栄養と話題性

ですから、顧客が買ったとき、使ったとき、食べたとき、飲んだとき、触れたときに、その価値が実感できる商品やサービス、そういうものを提供しなければなりません。

つまり、仕様書やメニューには載っていない、その商品の持つ目に見えない価値をはっきりと明確にして伝えられなければ売れません。それが「何を」を考えるうえで、もっとも重要なポイントです。

ところが、「何を」を考える際に、多くの会社は「ハイスペックにすれば、当然顧客に喜ばれるだろう」という発想をして商品を開発し、失敗します。

少し前に、日本の製品が世界の顧客の求める価値を超えて高機能化し、グローバル市場で苦戦することが話題になりました。いわゆる「ガラパゴス化現象」です。

また、先ほどのスマホの例をうどん屋さんに当てはめると、お店イチオシの天ぷらうどんを注文する顧客は、「栄養をつける、美味しいと思う」という、主に機能

からもたらされる効用を超え、「雑誌などで話題になった一品を食べてみる」こと自体に価値を見いだします。

少し前の話になりますが、リーズナブルな価格で一流の料理人が、高級素材を用いて料理を供するお店がメディアで話題になりました。

これなどは、「美味しいものを提供する」という基本は押さえているものの（この基本は絶対にはずしてはいけません）、ブームになってからは、「あの話題のお店で食べた」こと自体が、顧客にとっての価値になっていると見ることもできます。

ですから、私たちが商品やサービスを提供する際には、それによって顧客にどんな価値を提供できるのか、具体的、かつクリアに認識し、それを知らしめないといけないのです。

鉄道会社は、顧客を移動させるのが仕事

このあたりの議論、もちろん私が独自に考えたわけではありません。かつてハーバード大学のビジネススクールにセオドア・レビット教授というマーケティングの

研究者がいました。

レビットは1960年に「ハーバード・ビジネス・レビュー」で、「マーケティング・マイオピア(Marketing Myopia)」、いわゆる「近視眼的マーケティング」という論文を発表しました。

ここでレビット教授は、鉄道を例に、自動車が普及し、鉄道会社が苦境に陥ったのは、自らを「近視眼的」に、鉄道を運行する会社として認識し、顧客にとっての価値、「移動すること」を提供する会社であることが理解できなかったからだ、と説明しています。

レビット教授の議論は、**鉄道サービスという商品でなく、鉄道という運送手段がもたらす効用に目を向けなさい**と主張した意味で、非常に画期的でした。

これまで商品やサービスを通じて顧客に提供するには、機能と価値という側面があると説明してきましたが、もちろんそれぞれ、完全に独立したものではありません。わかりやすく言うと、機能的な面から顧客にもたらす「価値」もあるわけです。

たとえば、うどんであれば、でんぷん何グラム、塩分何グラム的な機能面から、人体の維持や活力源として必要な栄養素を顧客に価値として提供しています。そこで、価値にも「**機能的な価値**」があると理解できます。

ここから、少しややこしい話になってしまいますが、大切な部分ですので、ちょっと頑張っておつきあいください。

一方で、先にも説明したように、商品やサービスを買ったり、使ったりすると、自分の気分がよくなる「**情緒的な価値**」があって、さらに、世の中が進んでいくと、環境にやさしいといった「**社会的な価値**」をもたらすようになった、という考え方も現れます。

このあたり、やはりマーケティングの大家フィリップ・コトラーというアメリカの研究者が2010年に『コトラーのマーケティング3・0』（朝日新聞出版）という書物で述べています。

つまり、「価値」と言っても、とらえ方によって、さまざまな見方があるわけです。

ですから、マーケティングのプロの方から見れば、私のこれまでの説明は「機能的な価値」まで含んで「機能」としている部分もありますから、「なんと乱暴な」と思われるのは、間違いありません。

しかし本書は、誰でも使える本を目指していますから、これまで通り、スペックそのものを売りにすることを「機能」、使うことによって得られる効用を「価値」と、あえて超おおざっぱに説明していきます。

イケアが売っているのは家具ではない

さて、話を戻します。

商品の機能より価値に重点を置き、その価値を顧客が実感できる売り場づくりをして、好業績を上げているのがイケア（ＩＫＥＡ）です。

イケアは、スウェーデン発祥の世界最大の家具販売店。日本でもたいへん人気が高く、私も大好きで、ホームページを見たり、家でカタログを眺めたりしています。

なぜ好きなのか。それは「ルームセット」を見るのが楽しいからです。

ルームセットとは、イケアの家具や雑貨をコーディネートしたテーマ別のモデルルームのことで、「３ＬＤＫ　68平方メートル」「２ＬＤＫ　54平方メートル」など、実寸のリアルな部屋をつくって家具が配置されています。

そこで使われる家具や雑貨は、その部屋に住む人の家族構成や職業、趣味や価値観などを細かくイメージしたうえで、コーディネートされているのだそうです。ルームセットでは、実際に家具に触れることができますし、ソファやベッドに座ることもできます。そこでの実際の暮らしが思い描けます。

日本にある多くの家具店は、テーブルコーナー、ベッドコーナー、収納コーナーと、家具をカテゴリーごとに分けて展示してあるのが普通です。家具店ですから当然なのですが、こういうお店は、「家具」を売っているわけです。

一方で、イケアは、たんに家具や雑貨を売ってはいません。ルームセットで顧客に実際の暮らしをイメージしてもらうことで、「くつろぎの空間」「心地よい暮らし」、ひいては「ライフスタイル」そのものを売っているのです。

家具という機能ではなく、家具を使ったときの心地よさや満足感といった価値を売っているわけです。

価格だけで勝負してはいけない

まずは、顧客にどのような価値が提供できるのかを考える、商品やサービスが持つ価値がどういうものかを改めて見つける、見いだす。そして次に、その価値をさらに高める、磨き上げる——。

この一連のプロセスを突き詰めるためには、どうしたらいいのかを考えていく必要があります。

たとえば、ある街のカレー屋さんが、自分の店にしか提供できない価値とは何だろうか、と考えたとします。

大切なのは、「お客様に喜んでもらうにはどうしたらいいのか」と考えることです。スパイスや野菜を何日も煮込んだカレーを出す、本当のカレー好きが集まるお店だったら、顧客のために、月に一度、他では食べられない、たとえば、ふかひれカレーとか豚の角煮カレーとか、珍しいメニューを出す日を設けてみる。

あるいは、「楽しい気分で食べてもらう」に重きを置くのだったら、元気はつらつとした店員を採用しようとか、音楽は明るめのサンバにしようとか、店で顧客が食べたときの心地よさについて、とことん考える。

要するに、**自分の「強み」をしっかり把握して、顧客に喜んでもらえる価値になるまで、その強みを磨き上げていく**わけです。

こういうことを考えないで漫然と商売をしていたら、とどのつまりは価格競争に陥ってしまいます。

何の特色もないカレー屋が数軒並んでいて、どこで食べても、味も雰囲気も変わらないのであれば、人は1000円のカレーより800円のカレーを選びます。

提供する価値で差異化できないと、「安ければ安いほどいい」という価値観を持つ顧客しか集められなくなり、値引き合戦をするはめになってしまうのです。だから、ユニークな「価値」、つまり「他社などのライバルと圧倒的に違う」ことが大切になります。

この、「自社のみが持つ独特の強み」をマーケティング用語で、USP（Unique Selling Proposition）と言います。重要なのは「ユニーク」であるということです。

このUSPについても、アメリカのコピーライター出身であるマーケター、ロッサー・リーブスが提唱していて、『USP　ユニーク・セリング・プロポジション』（海と月社）という本を書いています。

USPを「ユニークなセールスポイント」と間違えて理解している人がいます。セールスポイントとは、顧客に強調できる特長、売りになるポイントです。必ずしも間違いではないですが、USPは、もう一歩深めた、特長を価値にまで高めて顧客に提案するものだと考えてもらえればいいと思います。

造り酒屋は、お酒と一緒に棚田を売っている

和食がユネスコの無形文化遺産に登録されて、日本酒には追い風が吹いているように見えます。ですが、実は、国内消費はたいへん厳しい状況にあります。若者のアルコール離れが進んでいて、今後も急激に国内の消費が回復するとは考えにくいでしょう。ですからUSPを打ち出して、顧客に提案していくことが必要になります。

岐阜県に千古乃岩《ちごのいわ》酒造という造り酒屋があります。明治42年創業の、100年以上続く酒蔵です。ここの最大の強みは、「日本の棚田百選」にも認定されている美しい棚田でとれたお米から日本酒を造っているということです。他社がマネしたくても、そう簡単にはできない圧倒的な強みです。

こういう独自の強みが何もなく、「このお酒は、日本酒度がこれくらいで、すっ

きりとした辛口です」とか「うちは、純米酒しか造りません」といった「機能」、かつ他がマネしやすい部分をプッシュしても、ユニークな強みになりません。

けれども、「創業100年以上の造り酒屋のもので、原料は、日本の棚田百選にも選ばれている棚田でつくられたお米なんですよ」と伝えて、その美しい景観の写真を見ながら飲んだら、美味しさがまったく違うはずです。**お酒の背景にあるストーリーが、さらに美味しく感じられます。**

また、売り方にも工夫をしています。お得意様向けの頒布会《はんぷかい》では、大吟醸や純米酒、濁り酒など、さまざまな種類をセットにして、さらに棚田のお米も一緒に届けるのです。

お米は2合か3合程度の少量ですが、これによって、お酒のストーリーが生まれ、顧客の心をつかむブランドとなっていきます。

同じように、最近の酒蔵には、「自社契約の田んぼでつくった有機・無農薬の酒米を原料にしています」とか、「社長自身が杜氏《とうじ》（製造責任者）を務め、伝統の製法、麹《こうじ》で酒を醸《かも》しています」など、ユニークなストーリーを織り込んで日本酒を製造するところが目立つようになりました。

このストーリーがあるかないか、それがブランドを形づくるうえでとても重要なポイントになります。

青く澄んだ海は、どこにあるのか

独自の強みと言っても、今すでにある市場で、他社との違いをつくり出すことだけに固執していては、この先長く成長していくことは難しいかもしれません。もし、そこが多くの競合がひしめいていて、激しい競争が繰り広げられている市場だったら、そこから抜け出し、新たな価値を生み出すことで、新しい市場を切り開いていく。そういう考え方もあるはずです。

経営戦略のひとつに、ブルー・オーシャン戦略というものがあります。これは、フランスの欧州経営大学院（ＩＮＳＥＡＤ）教授のＷ・チャン・キムとレネ・モボルニュが著した『ブルー・オーシャン戦略』（ランダムハウス講談社）という本で提唱された戦略論です。

その本では、多くの競合が参入し、限られたパイの奪い合いをして血みどろの価格競争に陥っている市場を「**赤い血の海＝レッド・オーシャン**」と呼びます。

逆に、競合がおらず、競争がまだ存在しない未開拓の市場を「**青く澄んだ海＝ブルー・オーシャン**」と名づけています。

既存の市場で競合と戦っているだけでは、企業は成長し続けることができない。利益ある力強い成長を実現するには、新しい市場、新たなカテゴリーを創り出すことが必要だ、というのが、この戦略のポイントです。

競合との値引き合戦で消耗するのは困る。だから、ブルー・オーシャンを目指したい。このとき、多くの場合、レッド・オーシャンから遠く離れたところにブルー・オーシャンを探そうと考えてしまいがちです。

しかし、なぜその市場が赤い海になっているのか。そこに多くの需要があるからです。需要があるから、多くの競合がひしめき血を流し、赤くなっているわけです。

仮にそこから遠いところに青い海を開拓しようとした場合、需要をゼロから掘り起こさなければなりません。そこに需要がない恐れもあります。

したがって、ブルー・オーシャンは、赤い海から完全に抜け出てしまった場所ではなく、半分赤い海に浸《つ》かりつつ、半分外に出ているところを開拓すればいいはずです。需要はあるけれども、これまでとは少し違う市場を目指すのです。

新しくないのに、まったく新しいエンターテインメント

『ブルー・オーシャン戦略』の中で最初に取り上げられている事例が、シルク・ドゥ・ソレイユです。

読者の皆さんの中にも、ご覧になったことがある方もいらっしゃるかと思いますが、これは、サーカスの伝統様式をベースに、ダンスやバレエ、ミュージカルなどを合わせたエンターテインメント・ショーです。

これまでになかったまったく新しいタイプのライブ・エンターテインメントは、世界中の人々を魅了し続けています。

従来のサーカスでは、ウマやゾウ、ライオンなどの動物ショーや、人間の曲芸などを中心とした演目が行われてきました。メインのターゲット層は子どもたちです。

けれども、いまや子どもを対象とする娯楽は、ゲームやアニメ、インターネットなど、多種多様です。サーカス業界は、観客の減少を食い止めることができず、売

り上げが落ち込んでいました。

加えて、ショーで動物を使うには、購入費用、飼育費用、輸送費用など、莫大《ばくだい》なコストがかかります。サーカス業界は、売り上げが落ちる一方でコストがかさむ、負のスパイラルに陥っていたのです。

シルク・ドゥ・ソレイユは、サーカスだけではなく、その周辺のエンターテインメントに目を向け、ダンスやミュージカル、演劇などの要素を取り入れると同時に、動物ショーを一切とりやめました。差別化と低コスト化を実現したわけです。

チケット価格も、演劇と同水準、サーカスの平均の数倍に設定しました。エンターテインメント界に、**新しいカテゴリーをつくれたため、競合もおらず、価格設定が自由にできた**のです。それでも、大人の観客を惹《ひ》きつけることに成功し、サーカスに興味のなかった新たな顧客層を取り込むことができました。

サーカスもバレエも演劇も、新しいものではありません。シルク・ドゥ・ソレイユは、それらを組み合わせ、まったく新しいカテゴリーを生み出したのです。

いちご大福というイノベーション

シルク・ドゥ・ソレイユは、世界を舞台に活躍するエンターテインメント集団ですから、私たちがそのままマネられませんが（当たり前ですね）、視点を変えると、同じ構造を持つ事例は、私たちの周りの意外と身近なところにあるものです。

そのひとつに「いちご大福」があります。いちご大福は、「いちご」と「大福」というすでに世の中にあるものを組み合わせた商品です。

近所に大福を売る和菓子店がたくさんあって、値引き合戦が行われていたとします。そのレッド・オーシャンから抜け出すために新しい市場を開拓しなければ、といって、和菓子店が餃子やラーメンを売り始めても、なかなか成功しないでしょう。それに、餃子やラーメンの市場そのものがレッド・オーシャンです。

それよりは、自分の店で一番の人気商品は大福だから、何かを組み合わせて新しい商品をつくってみよう、そういう発想のほうがうまくいく確率は高くなります。

ここで紹介したいのは、イノベーションによって新しい価値を創り出すことを提唱したオーストリアの経済学者、ヨーゼフ・シュンペーターです。彼はイノベーションについて、これまであった経済活動のさまざまな要素を、これまでと違ったかたちで「新結合」させることと定義しています。

シュンペーターは、20世紀初頭に活躍し、イノベーションを最初に理論化した人物だと言われています。

彼はその著書『経済発展の理論』で、イノベーションとは、新しいものである必要はなく、すでに存在するもの、誰もが知っているものを結合させて新しいものを生み出せれば、それがイノベーションになる、と主張しました。

ここで論じられるイノベーションは、原材料だったり、生産方法だったり、売り方だったりと、とても広い範囲についての考えを指します。

ところが、日本ではイノベーションを「技術革新」という訳語で認識する人が多いため、「まったく新しい技術、革新的な製品」ととらえられ、一般の人には、「イノベーション？　そんなの自分には無理だ」と思われてしまっています。これは誤解です。

ここはシンプルに、「新結合」という言葉を、「何を」にフォーカスし、「**これま**

本業に近い青い海を探す

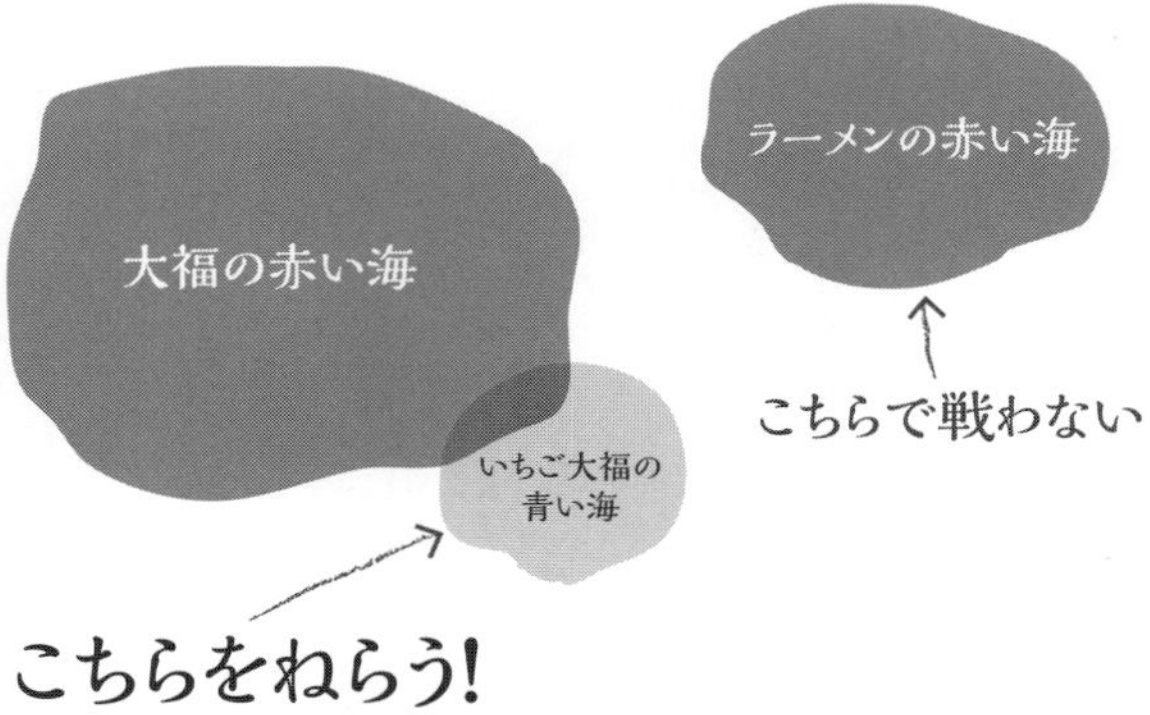

であったものを結びつけること」と、文字通りに認識してみれば、意外とイノベーションの種は、そこら中に転がっていることが理解できます。

日ごろから、ちょっとしたすき間時間にでも、身のまわりの「新結合」を探してみるといいかもしれません。すると、「あ、名古屋の〝ひつまぶし〟も鰻丼とお茶漬けを組み合わせたものだ」などと気がつくはずです。そして、自分でも、組み合わせを考えてみると、ユニークな商品を考案できるかもしれません。

このとき、ちょっとしたコツがあります。**組み合わせは、どちらも誰もが知っている一般的なものがいい**のです。どちらか一方が一般に知られていないものだと、組み合わせたものも、よくわからないものになってしまいます。

たとえば、ブラジルにアサイーという果物があります。栄養価が非常に高く、健康にいい果実として、最近では日本でもよく知られるようになりました。

けれども、現段階でアサイーを使って「アサイーラーメンをつくりました。すごく身体にいいですよ」と売り出したとしても、「浅井さんのつくったラーメン？」と思われてしまうかもしれません。

「いちご」も「大福」も「鰻丼」も「お茶漬け」も、誰もが知っているものです。こういう組み合わせがいいわけです。

このように、柔軟な頭の使い方をすれば、誰でも、自分なりのブルー・オーシャンを見つけられるはずです。

顧客は自分の欲しいものを知らない

今あるものを組み合わせて、新しいもの、新しい価値をつくるにはどうしたらいいのか。それを考えるときに、ひとつ押さえておきたいことがあります。

それは、顧客は自分の欲しいものを知らない、ということです。

iPhoneの生みの親であるスティーブ・ジョブズは、「消費者は自分の欲しいモノなんか知らない」というスタンスを常に貫いていたと言われています。

iPhoneは、電話とインターネットとiPodという既存の3つの製品の機能を融合させることで生まれました。すでに世の中にあるものを組み合わせて、スマートフォンという新しいカテゴリーを創り出したわけです。

iPhoneがなかった当時、私たちは、当然iPhoneを知りません。けれども、売り出されて、その商品を知ったら、すぐに欲しいと思ったわけです。ジョブズは、消費者が気づいていない潜在的な欲求を顕在化させ、一歩先を見極めた商品開発を行っていたということです。

私のセミナーに参加される経営者の方の中には、「新しい商品を開発したいので、お客様にどんなものが欲しいのか、アンケートをとろうと思っています」とおっしゃる方がたまにいます。けれども、新しい商品やサービスを生み出そうという場合には、顧客の声ばかりを聞いてはいけません。

それもこれも、顧客は自分の欲しいものを「知らない」からなのです。

顧客の声を聞いても、売れる商品は生まれない

うちの会社にどんなものをつくってほしいですか――。

こんなアンケートをしたところで、顧客は、「今すでに知っているもの」からしか答えられません。したがって、アンケートからは、誰も想像もできない画期的な商品は生まれない、ということなのです。

こう説明すると、「お客様の声を徹底的に聞くことで業績を上げている例がいくつもあるではないか」と、過去の事例をもとに矛盾を感じる方もいるでしょう。

もちろん、今ある商品やサービスを改善し、さらなる向上を目指すには、顧客の声を徹底的に聞く必要があります。

マーケティングにおいて、顧客の声を活かして従来の商品を改良していくことを「**持続的イノベーション**」、従来の商品の価値を破壊するような、まったく新しい価値を生み出すことを「**破壊的イノベーション**」と言います。

たとえば、料理店は「美味しいんだけれど、店が不潔なので……」「店員の態度が悪いので……」といった声は絶対に聞かなければなりません。

また、メーカーが出している商品に対して、「機械音が大きすぎる」「バッテリーがすぐに切れる」といった顧客の意見は参考にすべきでしょう。

このように、持続的イノベーションを考えるときは、顧客の声を聞いて彼らの不満足を解決する必要があります。

一方で、破壊的イノベーションを志向するのであれば、顧客の声を聞きすぎてはいけない、ということなのです。そこに答えはありません。

「誰がそんなものにお金を払うんだ？」という独りよがりな商品、自己満足な商品は、論外です。

ただし、まだ存在しない顧客が欲しがるもの、お金を出したくなるものは、開発する側がじっくり頭を使い、想像力と創造力をはたらかせないと生み出せないのです。

いつだって顧客の要望は「思いつき」だから

そうは言っても、新商品開発の際に顧客アンケートをとっている会社など、街頭でもネット上でも数えきれないほどたくさんあります。

大企業がひとつの新商品や新サービスを出す場合は、予算が莫大《ばくだい》ですから、できるだけリスクを減らす必要があります。

商品開発の段階で、さまざまな仮説を立て、それに対するリサーチを行い、ひとつひとつ検証して課題をつぶしていくために、アンケートが必要だと判断したのならば、それはやるべきでしょう。

要は**「新商品を開発したいから、とりあえずお客様に聞いてみよう」と、先に「リサーチありき」という考え方をしてはいけない**ということです。

たとえば、極端な例ではありますが、街の寿司屋が「うちの店で増やしてほしいメニューはありますか」というアンケートをとってみたところ、若い女性を中心に「パンケーキ」という答えが多数寄せられたとします。

これを「お客様の要望だから」といって、寿司ネタを並べたメニューの最後に、「ストロベリーパンケーキ」だとか「チョコバナナパンケーキ」だとかを加えたとしたら、果たしてこの寿司屋の顧客は本当に喜ぶでしょうか。

これが逆ならいいのです。この寿司屋が、「今、パンケーキが流行っていますが、もしメニューに加えたら、うちの店のイメージは壊れますか?」というアンケートをとってみる。

このような、**仮説検証のためのアンケートであれば、問題ありません**。仮説が正しいか、間違っているかが証明されれば解決策も導き出されるからです。

顧客の声は神の声、という意見もあります。なじみの客が、真剣に店のことを心配してのアドバイスも中にはあるでしょう。しかし、ほとんどの顧客は、聞かれれば思いつきで答えるものです。

また、アンケートをとる対象者にも十分気をつける必要があります。

スナック菓子の新商品のアンケートを、単純無作為抽出した対象者に行ったとします。その中にあまりスナック菓子を食べないであろう75歳以上の高齢者が15パーセントいたら、どうでしょうか。その答えを反映させた商品には、かなりブレが出てくるはずです。

ブレる要因は対象者の年齢だけではありません。性別や職業、住んでいる地域、価値観、その会社との距離感、さらには質問の仕方などによっても結果に偏《かたよ》りが出る可能性があります。

調査手法によって結果が大きく変わってくるので、アンケートを安易に行うべきではありません。行う際は、十分に慎重になる必要があるのです。

500円より、1200円のコーヒーが美味しい理由

努力して顧客に選んでもらえる店づくりをしたり、時流をつかんでヒット商品を創り出したりして、ビジネスが順調に伸びてきた場合でも、大企業の参入で競争が激しくなったり、不景気やデフレで値引き合戦に陥ったりと、取り巻く環境が変われば、自分も変わらざるを得ません。

けれども、そんなときでもやはり、**自社の持つ独自の強みから離れてはいけません。そこからブレると、顧客を失いかねないのです。**

駅前に一軒のコーヒー専門店があったとします。昭和レトロな佇《たたず》まいの落ち着いた雰囲気で、店名は仮に「理央珈琲店」としましょう。イチオシはブルーマウンテンで1杯1200円。少々値は張るけれども、味と品質には自信を持っていて、常連さんも多いお店です。

その店の近所に、全国展開のカフェチェーンが出店してきました。それに対抗して隣のコンビニでもドリップコーヒーを売るようになりました。カフェチェーンは1杯280円、コンビニは100円。当然、理央珈琲店への客足が伸び悩むようになりました。

さて、集客力を上げるにはどうしたらいいでしょうか――。

誰もが最初に思い浮かべるのは、値下げです。それが一番手っ取り早い方法で、メニューの価格表を書き換えれば済みます。

でも、豆の品質を下げて、1200円のブルーマウンテンを500円で提供したらどうでしょうか。

常連客は、「1200円を払ってでも、ゆったりとした雰囲気で本格コーヒーが飲みたい」と思っていたはずです。顧客の立場で考えると、「今まで1200円の価値のコーヒーを提供してくれていたのに、500円の価値のものしか提供してくれない店になってしまった」と思われる危険性大です。

これは、私の仕事でも同じです。私のセミナーの受講料が2時間で2万円だとします。けれども、他の講師は2時間5000円。もっと多くの人に聞いてもらいたいから、私も2時間5000円にしたら、「理央周は、これまで2万円の価値のある情報を与えてくれたのに、5000円の価値しか与えてくれない人になったのか」と見られるでしょう。

もちろん、価格競争がすべて悪いと言っているわけではありません。オペレーションや仕入れを工夫して、革新的な手法を導入し、原価を下げて品質の高い商品を安く提供するのは、顧客の価値増大につながります。

しかし、**価格の競争に突入すると、大量の仕入れ・生産によって単品のコスト低減が可能で、薄利多売でも利益を確保しやすい大きな資本を持つ大企業が有利になる**ため、理央珈琲店の勝ち目が少なくなります。

また人間は、価格によって商品の価値の判断が変わることも一般に知られています。これは「ハロー効果」と言われ、さまざまな実験で証明されています。

ハロー効果は、たとえば特徴的なシグナルから価値を判断する人間の特性のことで、有名大学を出ていると人格までいいと思われやすいなど、あてにならないと誰もが知りつつ、つい誰もがはまってしまう心理的な側面です。

これを値段で言うと、たとえば、同じワインについて、片方は安いと言われ、片方は高いと言われて飲んだ場合、多くの人は、高いと言われたワインのほうを「安いワインより美味しい」と感じてしまうのです。

もちろん商品にお金を出す際には、「値ごろ感」がとても大切になりますから、価格戦略は非常に難しいのですが、高くすれば顧客が離れる、安くすれば顧客が喜ぶとは一概には言えないことは理解しておく必要があります。

大相撲に打撃系のルールはNG

そもそも、コンビニやチェーン店のコーヒーを飲みたい人と、理央珈琲店で飲みたい人とでは、求めているものが違います。

コンビニに行く人は、缶コーヒーより少し美味しいものが欲しい人であり、チェーン店に行く人は、安くて気軽に入れる便利さを求めている人です。

私は、格闘技が好きでよく観ますが、大相撲の横綱が、「今、打撃系の格闘技が流行っているから、大相撲のルールも変えたい」と言ったら、大騒動になります。同じコーヒーを売るのでも、コンビニやチェーン店とこのお店とでは、同じ格闘技の相撲とK1くらいの差があるわけです。

顧客の要望が違うことを理解せず、安易に品質や価格に競争ポイントを転嫁して、自分の強みから離れてしまうのは非常に危険です。

やはり、まずやるべきことは、自らの店は、チェーン店やコンビニとどこが違うのかを明確に打ち出すことです。

豆は鮮度が大事だからオーダーが入ってから挽《ひ》いていますとか、ペーパーではなくネルドリップで淹れていますとか、値段は高くてもそれだけ力を入れている、自分の店のコーヒーの違いをはっきりとわかるように伝えるのです。

それから、顧客目線で考えることです。**コーヒー専門店だからといって、「コーヒーを出すだけの店」と自らを定義してはいけない**のです。顧客に喜んでもらうために何ができるのか、どんな価値を提供できるのかをとことん考える。

高級コーヒーを提供する店であれば、ふかふかのソファにゆっくり座れますとか、アナログのレコードでクラシック音楽を流していますとか、クラシック音楽雑誌のバックナンバーがすべて揃《そろ》っていますとか、いろいろ考えてみます。

その結果、「本格コーヒーと一緒に、クラシック音楽でリラックスできる時間と空間を提供する店」というのが、自分の店の強みだとわかったら、それをはっきりと顧客に伝えるのです。

顧客は、商品を選ぶとき、ロジカルに考えてはいません。

「みんなが行っているからスタバにしよう」「CMでやっていたからコンビニにしてみよう」……。わかりやすいほうを選んでしまうものです。

ですから、顧客がなぜこの店に来るのか、その理由を明示して、わかりやすく伝えるのです。

自分の強み、自分の信条から外れたことはしないことです。自分がブレてしまうと、それまで贔屓《ひいき》にしてくれていた大事な顧客も、混乱してしまうからです。

「私、何でもできるんです」な人は、何もできない

ブレるというのは、価格に限ったことではありません。

理央珈琲店が、売り上げ不振を解消しようとして、「世の中ではソイラテが流行っているからうちもやろう」とメニューに加えたとします。さらに、「フラペチーノもいいな」「スムージーもやろう」と、とにかく商品を次々に増やして、「うちは何でもあります」というお店になってしまったらどうでしょうか。

以前のコーヒー専門店の強みが弱まってしまい、顧客は何を求めてその店に行くのかが、わからなくなってしまいます。

私はマーケティング・コンサルタントをやっていますから、お客様は私のところに「新規事業の開発をしてもらいたい」「売り上げを伸ばす方法を考えてもらいたい」

ということを求めていらっしゃいます。

そこで、私がたとえば、「税理士の資格も取ったので、税務相談にも乗ります」とか「社会保険労務士の資格もあるので、年金についてもお答えできます」と、有料でこのようなサービスを提供したらどうでしょう。

お客様は、税金については税金の専門家に相談したいし、年金は年金のプロに話を聞きたいはずです。「何でもできます」と言われたら、本業であるマーケティングについても「大丈夫かな」と思うでしょう。

「何でもできます」と言った瞬間に、顧客は「何もできないんだな」と思います。

ビジネスにおいては、**「何にでも手を出す」を目指すと、むしろ自分の強みが明確にできなくなって、失敗する確率が高まります。**

自分の会社の事業領域を「事業ドメイン」と言います。つまり事業ドメインから大きく外れたものに手を出して成功するのは難しいのです。

高級ブランドがカジュアルラインをつくるわけ

では、次のような場合はどうでしょう。

チェーン店などの攻勢で、売り上げ不振にあえぐ理央珈琲店が頭を悩ませているとき、常連客から「ソイラテを低価格で出してほしい」と言われました。

顧客に100パーセント迎合すると失敗確率が高まるのは、説明してきたとおりですが、同時に、顧客の声に、ヒントやチャンスがあるというのも一面の真実です。

ソイラテ、しかも低価格なメニューを加えたら、理央珈琲店の「本格コーヒーでリラックスできる時間と空間を提供する」という強みが薄まる、さらに店の信条から離れる可能性がある、けれども需要はありそうな……。

こういう場合、別の店舗としてソイラテも提供する親しみやすいカフェを出店するという手があります。その場合、店名は、「リオカフェ」などに変えます。そうすれば、本店のブランドイメージがブレません。

これをマーケティング用語で、「**ブランド・エクステンション（ブランド拡張）**」

と言います。派生ブランドをつくるということです。すでに確立しているブランド名を利用して、新しいカテゴリーをつくるわけです。

これは、アパレル業界に成功例が多く見られます。たとえば、アルマーニです。メインブランドは「ジョルジオ・アルマーニ」、セカンドラインは「エンポリオ・アルマーニ」、そしてカジュアルラインは「アルマーニ・ジーンズ」です。

若者向け低価格商品を最高級のメインブランドである「ジョルジオ・アルマーニ」でやってしまうと、もともとのブランドイメージが損なわれてしまう恐れがあります。それで、別にセカンドラインやカジュアルラインをつくったというわけです。

ブランド・エクステンションは、すでに成功しているブランド名を利用するので、新ブランドをゼロからつくるのに比べて、コストがかからないというメリットもあります。

この場合、もとのブランドの高い価値が前提なので、理央珈琲店が拡張させても成功するかどうかは保証できませんが。

領域を大きく離れては意味がない

ウェブ制作業は、会社数もここ10年ほどで急激に増え、フリーランサーも参入する競争の激しい業界です。

最近では、それほど知識がない人でも自宅のパソコンで簡単にホームページが制作できるようになったので、単価も下がっています。

そうなると、本業だけでは収益を確保しにくくなり、自らの事業ドメインから外れたところで収益を上げようとする会社、自分の信条からブレてでも売り上げを確保しようとするケースが出てきます。

私が知っているあるホームページ制作会社の社長は、マーケティングについての専門的知識はほとんどないのですが、ある日、ウェブマーケティングのコンサルティングを有料で提供するようになりました。

もちろん、企業がホームページを制作する際には、入念にマーケティングするべきですから、専門家の意見やアドバイスが必要でしょう。

しかし、制作会社の技術と、ＨＰをマーケティングにどう活かすかを考案する知見とは、別の専門領域です。

その制作会社が、コンサルティングの領域において、なかなか成果を上げられないのもうなずけます。

賞味期限が短いパン、悩みを一挙解決する新商品

本間製パンという会社が愛知県にあります。地元のホテルや喫茶店、スーパーなどに、毎日パンを届けています。

愛知県は喫茶店のモーニングサービスが有名です。朝は、多くのお店で、コーヒーを注文すると厚切りトーストやゆで卵などが付いてきます。本間製パンは、この地方独特の朝食文化を支えています。

一般に、売り物としてのパンの賞味期限は2、3日くらいだと言われています。保存方法によっては、もっと長く持つでしょうが、時間が経つとどうしても味は落ちます。

そこで、本間製パンは賞味期限の長い商品をつくれないかと考えました。

そうして、試行錯誤を繰り返すことで行き着いた答えがラスクでした。

製パン会社ですから、フランスパンの職人を抱えていますし、設備もある程度備えています。

ですから、工場のラインに手を加えるだけで、独自のラスクの開発に成功しました。

「美味しいパンを届けてお客様を幸せにする」という自分の強み、事業ドメインから外れることなく、新しい価値を生み出すことができたわけです。

同社の「ホンマラスク」は、すぐに人気に火が付き、テレビでも取り上げられました。

全国から取り寄せる顧客も多く、当時は、ネットのお取り寄せランキングなどでも上位に入る人気商品になりました。

本当に売りたいものこそ「何を」にする

最後に、もう一度、なぜ「❶何を」を最初に考えなければいけないのかを別の側面から考えたいと思います。

先に、「❸どうやって」から考え、「❶何を、❷誰に」を後回しにすると、いろいろ不具合が起こって、マーケティング的に失敗することが多いと書きました。

これをより俯瞰《ふかん》した視点で考えると、「❶何を」で一番重視すべき顧客に提供できる「価値」を軽視すると、顧客から得られる「利得」に目が向きすぎてしまうのです。

よく言われますが、**利得だけが目的となったビジネスは長続きしません。**また、**皆が利得を重視しすぎて、「何を」を提供すると、その市場も先々弱っていく**かもしれません。

ですから、「何を」を考える際には、自分たちは何を提供したいのか、何を提供すれば世の中に価値を与えられるのか、そして、その価値を最大化するには、どうすればいいのかという視点を忘れてはいけないわけです。

その大前提を踏まえたうえで、スペックや価格なども含めた製品戦略を練り尽くすことが必要となります。

そして、「何を」をしっかり考えたら、その価値を少しでも多くの顧客に届けるために、「❷誰に、❸どうやって」の戦略を考えていくのがビジネスの王道と言えます。

第2章

「誰に」を絞り込む

中学生に自転車を売ってはいけない

人間は、売れている商品ほど欲しくなる

マーケティングにおいて、すべての出発点になるのは、「❶何を」であることは理解できました。次に大切なのは、「**❷誰に**」です。本章では、この点について考えていきましょう。

いい商品を考えること、創り出すことが一番むずかしい。そのハードルをクリアできれば、いつかは顧客に見つけてもらえて、売れるはずだ――。意外なことに、そんな考えを持つ人がけっこういます。

これは、大きな誤解です。というか、間違いです。世の中には、いい商品を生み出しても、売れないケースは山ほどあります。簡単な事例で説明してみましょう。

たとえば。書店に足を運べば、たくさんの小説が売られています。その中でも、ベストセラーとされている本は、ほんの一握りです。では、売れる小説、売れない小説の違いは、どこから生まれるのでしょう。

どの小説が面白いと思うかは、人によって、好みによってさまざまですから、絶

対的な基準はありません。ただし、せっかくお金を出して買うなら、自分が面白いと感じられる本がいいに決まっています。

では、どう判断するのか。小説は、読んでみなければわかりません。

そこで、私たちが小説を買う場合、特に初めて読む作家の作品を選ぶ際には、もちろん、「直感が頼り」という人もいるでしょうが、ベストセラーになっていて、みんなが面白いと言っている、あるいは信頼できる有名人や知り合いが推薦しているなどを基準とすることが多くなります。

ベストセラーに面白い作品が多いことは、かなりの人が経験的に理解しています。反論のある方もいるでしょうが、売れているということは、それだけ多くの人が好印象を持ったということです。

人間は、初めての商品を買おうと思っても、その商品の価値がどれほどのものなのか、その情報を知りません。つまり、商品を提供する側と買う側とで、持っている情報に差があるということです。これを「情報の非対称」と言います。

この情報の非対称がある場合に、価値の判定をしなければならない人、つまり何かを買おうとする人は、何かしらの「手がかり」が欲しくなります。

そこで、「混んでいるラーメン屋は美味しいのでは」「売れている小説は面白いのでは」「価格の高いマンションは住み心地がいいのでは」など、「混んでいる、売れている、高い」などの手がかりをシグナルとして利用します。これを「シグナリング効果」と言います。

だから世の中では、売れている商品は、さらに売れるようになるのです。

ですから、新しい顧客を獲得しようとするなら、優れた価値、ユニークな価値を顧客にアピールするようなシグナルは何かを考え、そのシグナルが広がるよう、その方策を考えなくてはなりません。

では、「売れていない小説は面白くないのか」というと、そんなことはまったくありません。売れていない本の中にも、あなたが面白いと思える本はいくらでもあります。ただ見つけられないだけです。

このように、売れた実績のない作家の作品は、どんなに面白くても、読者から見つけてもらいにくい、さらに、面白いと思ってもらうハードルが高くなるために、ベストセラーになるのも難しいという理屈がわかります。

この本の広告を、出してはいけない雑誌

どんなにいい作品でも、顧客（読者）にそのユニークな価値を認識されなければ、買ってもらえない。そのことについては、理解いただけたと思います。

そこで、作家や出版社は、作品の面白さを知ってもらおうと、小説賞に応募したり、新聞や雑誌に広告を出したり、有名人に読んでもらって推薦をもらおうとするなど、さまざまなアプローチでプロモーション活動をします。

異論はあるでしょうが、小説も、商業出版物である限りは「商品」です。書く側、売る側がターゲットとなる「顧客（出版業界では対象読者と言うようです）」を正しく認識できなければ、適切なアプローチはできません。

極端な話になりますが、シニアが好んで読む時代小説の広告を、少女向けファッション誌に出しても効果はほとんど期待できないでしょう。

同じように、いま皆さんが読んでいる本書の広告を、小学生向けの学習雑誌に出しても、売れ行きが伸びることはないと断言できます。

そんなことは出版社も重々承知しているので、どんな読者が読むのかを考えたうえでプロモーション戦略を考えることになります。

このように、「❸どうやって」のプロモーションなどのアプローチを考える前に、まず「❷誰に」を突き詰めて考えなければ、適切なマーケティング戦略は考えることができないわけです。

そんなこと、言われなくてもわかっている？

いやいや、小説の広告のようにシンプルな事例は意外に少なく、知らず知らずのうちに、この「❷誰に」を考える際に、間違いを犯している事例は世の中で数多く見かけます。

お客さんには2つの種類がある

では、自分たちの商品にお金を出してくれるのは、どんな顧客なのか、どういう行動をするのか、どういう考え方を持っているのか——。

ここを突き詰めて、適切なアプローチを考えていきます。

先にも紹介したように、ピーター・ドラッカー博士は、企業のミッションは「顧客の創造である」と言いました。日本語で顧客と言うと、たんに「お客様」くらいの意味にしかなりませんが、英語では2つの意味に分けることができます。

ひとつは、まだ皆さんの会社の商品やサービスを買ったことがない人。英語で言うと、**コンシューマー（consumer）**で、つまり消費者です。

もうひとつは、すでに1回以上、皆さんの商品やサービスを買ったり、利用したことがある人。いわゆる、お馴染みさんです。これを英語で言うと、**カスタマー（customer）**で、これが顧客となります。

というわけで、日本語で説明すると少しややこしくなりそうなので、これからは英語も使いながら説明します。

つまり、ドラッカーが言うところの「顧客の創造」とは、カスタマー（顧客）をどんどん創造的に増やしましょう、という意味になるのです。

売り手側からすると、すでに自社の商品やサービスを体験してくれているカスタマーが続けて買ってくれたら、それが一番いいわけです。**リピーターとファンを増やす。これが事業をするうえで、もっとも大事なこと**になります。

起業したばかりの社長、あるいは新規事業を立ち上げた会社の方などは、どうしても、新規顧客を取らなければなりません。けれども、コンシューマーを取り込んでカスタマーになってもらうこと、それは、マーケティングにおいて一番難しいことです。

会社の名前も商品も知らない人に、自社の名前、商品とその価値、他社とどこが違うのか、それらすべてをゼロから伝えていかなければならないからです。だから、新会社、新規事業は、成功するためのハードルが高くなります。

一方で、カスタマーに対しては、マーケティング的な努力が少なくて済みます。当たり前です。一度すでに買ってくれているわけですから、たいていは、商品名も会社名も知っています（この「たいていは」が後々、大切になりますので覚えておいてください）。

つまり認知度を上げる必要があまりないので、広告や販売促進に注ぐ力をコンシューマーに対するものより、大幅に減らすことができるのです。

一見さんは難しいから、VIPを大切にする

　というわけで、一口に顧客と言っても、いろいろな人がいますから、あらゆる顧客に対して、一律に同じマーケティング活動を行うのは、たいへん非効率的です。

　では、どのような顧客に、どのようなマーケティング活動をすれば効果が上がるのでしょうか。それには、2つの種類に分類するだけでは足りません。もう少し細かく、顧客をコンシューマーとカスタマーだけでなく、4つのタイプに分けて考えてみるとわかりやすくなります。

　指標にするのは、**「購買頻度《ひんど》」**と**「購買時期」**です。これをマトリックスで考えてみましょう。次ページの図を参照してください。

　まず、縦軸に「購買頻度」をとります。上に行けば行くほど「よく買う顧客」、下に行けば行くほど「買わない顧客」、一番下は「買ったことがない顧客」です。

　次に、横軸に「購買時期」をとります。右に行けば行くほど「購買時期が最近」、左に行けば行くほど「購買時期が昔」ということです。

2つの軸で顧客を考える

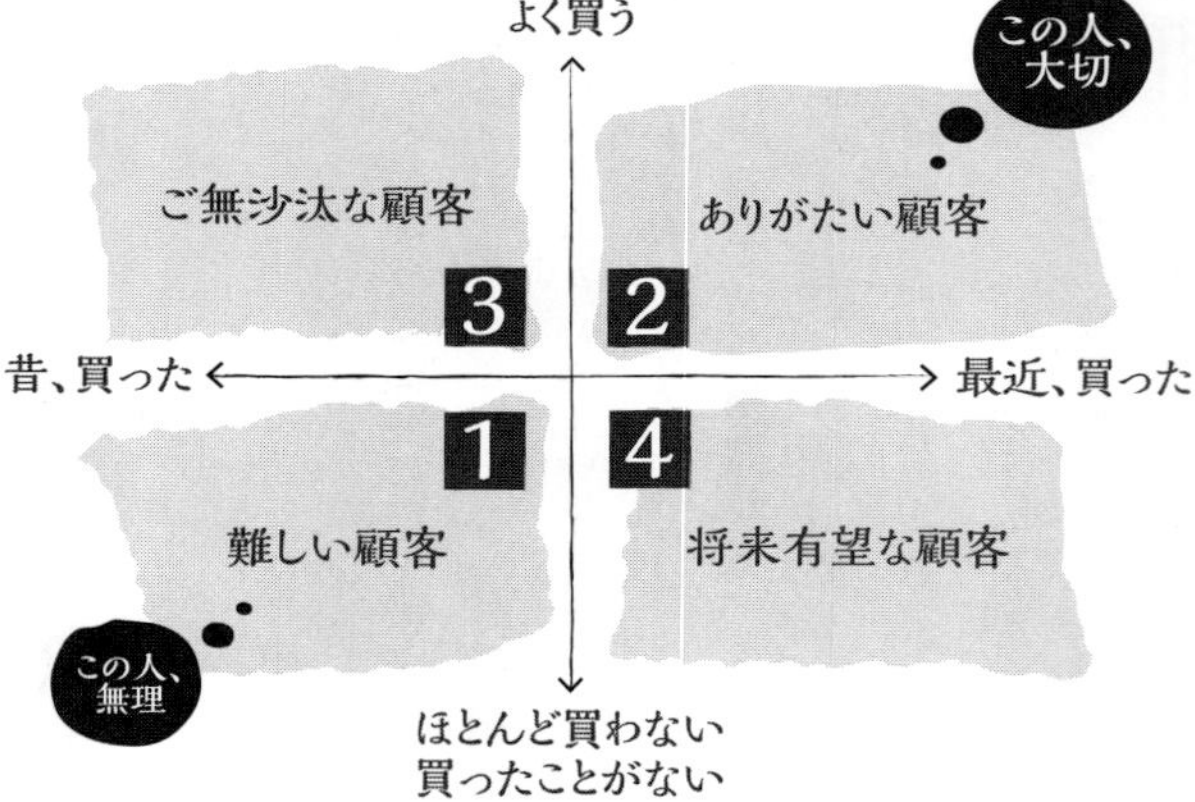

これをざっくり見ていくと、当たり前ですが4つのタイプに分類されます。それぞれ見ていきましょう。

左の下に位置づけられる人は、「❶**難しい顧客**」です。

これは、「昔は買ったけれども、購入頻度が低い人」、あるいは、「これまで一度も買ったことがない人」です。ここに分類されるタイプが一番アプローチするのが難しいと言えます。一生懸命取りに行こうと頑張っても、なかなか結果が出せません。

ビジネスで苦戦している会社や人は、多くの場合、「新規顧客を獲得しなければ」と、この結果が出にくい、難しい顧客ばかりを取りに行って悪戦苦闘しています。

次に、その真逆、右の上の人、「**❷ありがたい顧客**」です。

この人は、「最近買ってくれていて、しかもよく買ってくれる人」。ここは、あなたの会社の、あるいはあなたの会社の商品のファンです。優良顧客、もっと言えばVIP、この方々はもっとも大切なお客様です。

ですから、このタイプの顧客には、おもてなしの戦略、ホスピタリティ・マネジメントが重要になります。たとえば、感謝の気持ちを込めて割引クーポンを出す、といったことをすると有効です。安定した商売をする会社や人は、必ず、このVIPを大切にしています。

今度は左上の「**❸ご無沙汰な顧客**」です。

こういう人は、「昔はよく買ってくれたけれど、最近はあまり買ってくれない人」。ここは、もう一度掘り起こす必要があります。買ってくれなくなる一番の原因は、顧客に忘れられてしまっているということです。

このタイプの顧客には、新しい「価値」を提供して、自社の商品を思い出してもらうのが有効です。

飲食店であれば、「新メニュー登場！」とか、季節が変わったら「かき氷やってます」「あったかい鍋、始めました」といったことをお知らせする。新しい価値を伝えることで、一度は遠のいてしまった顧客に再び買ってもらえるように促すのです。

最後に、右の下、「❹**将来有望な顧客**」です。

これは、「最近買ったけれど、頻度が少ない人」、あるいは、「最近買ったけれど、まだリピートしていない人」。このタイプの顧客には、再来店を促《うなが》したいわけですから、有効な手段としては、「この前はありがとうございました」というサンキューレターを送ることです。

鉄は熱いうちに打てと言いますから、顧客が自社の商品を買ったことを忘れないうちに出す。そして、クーポンなどを差し上げて、「またうちのお店に来ると、いいことがありますよ」と伝えていくわけです。

このように、顧客のタイプを分析することで、その顧客に一番合ったプロモーションをすることができるようになるわけです。

誰でもできるビッグデータ分析

私が以前勤めていたアマゾンでは、顧客の分析を、大規模なシステムを使って行っていました。

たとえば、アマゾンで一度買い物をすると、購入商品と関連したおすすめ商品を紹介してくれるメールが届きます。これを「推薦機能」「レコメンデーション」と言います。

私は、マーケティングの本や大好きなマンガをアマゾンでよく買うのですが、以前購入したマーケティングの本の著者の新刊が出ると、必ずメールで教えてくれました。また、購入したことのあるマンガの最新巻が出るときは「予約しますか？」というメールが来たこともあります。その内容もタイミングも、驚くほど的確だったのです。

これは、購入履歴をもとに、この顧客は今までに何を買ったのか、いつ買ったのか、いくら使ったのか、といった大量のデータをまとめて、「協調フィルタリング」という高度なシステムを使って瞬時に割り出しているのです。

このように、膨大なデータを集めて分析することで、顧客1人ひとりの状況に応じたマーケティング活動をしようとすることを**「ビッグデータ分析」**と言います。最近、かなり流行っている言葉なので、耳にしたことがある方も多いでしょう。

ビッグデータといっても、顧客の分析は、アマゾンのように大規模なシステムを組まなければできないわけではありません。その「考え方」を使っていけばいいだけです。話はシンプルです。自社の顧客が、何を、いつ、いくら買ってくれたのかを、顧客台帳につけておけばいいのです。

ビッグデータ分析が、大企業が膨大なデータを扱うことだとすると、中堅・中小企業などは、「スモールデータ分析」（私の造語ですが）をきちんと行うことで十分なわけです。

この顧客台帳、パソコンを用いればかなり効率的に管理できるようになります。

これも、やみくもにデータベース化するのではなく、先に説明したマトリックスに合わせるように、いくつかのキーポイントを軸に分析するのがいいと思います。

そのキーポイントは、たった3つです。

❶いつ、❷どれくらいの頻度で、❸いくら使ったか

これだけを管理すればいいわけです。

この、「いつ、どれくらい、いくら使ったか」をもとに顧客を分析する方法を「RFM分析」と言います。

Rは、「最新の購買日（Recency）」、これはいつ買ったのか、です。Fは、「購買頻度（Frequency）」、つまり何回買ったのか。そしてMは、「購買金額（Monetary）」、いくら使ったのか、です。

これら3つの指標を組み合わせることで、顧客が自社に対してどのような購買行動をとっているのかを把握することができるわけです。そうすることで、一番いいタイミングで、その顧客に合ったプロモーションができるようになるのです。

まだ見ぬ顧客は、どんな「仮面」をかぶっているか

ビジネスにおいては、自社の商品を一度買ってくれたカスタマーを、リピーターにすることが重要です。しかし、もちろん、新規客に買っていただかないことには、事業を継続的に成長させることはできません。

では、まだ見ぬ顧客、これから買っていただきたい顧客、つまりコンシューマーに出会うためには、どうしたらいいのか。新規顧客獲得のための手法として、「ペルソナ・マーケティング」というものがあります。

ペルソナとは、もともと「仮面」を意味する言葉で、マーケティングにおいては、自社の商品やサービスのターゲットとなる「想定人物像」のことを言います。

これは、プロフィールを詳細に設定した1人のモデルをつくり、そのモデルを具体的にイメージすることで、「この人なら何を考えるか?」「何をしたら喜んでもらえるか?」といったことを、そのモデルの目線で考えられるようにするのです。

このペルソナ・マーケティング、言葉だけ見ると、難しそうな印象を持つかもし

れませんが、売れる商品企画、広告企画などを実践している人や組織は、ほとんど商品ターゲットとなる「**想定人物像**」を具体的にイメージしています。

大企業の場合は、ペルソナをイメージせずに商品開発をするなどというのは、もってのほかですが、個人商店主、飲食店、中堅製造業なども、しっかりとした商売をしているところは、自分の顧客をかなり具体的にイメージしています。

そうやって思考や行動を推測することで、その人にもっとも響く表現やメッセージを、もっとも効果的な媒体を使って打つことが可能になります。広告やキャンペーン、販売促進などが効率的にできるようになるわけです。

また、社内で共通の認識が得られるというメリットもあります。

ペルソナの詳細なプロフィールを共有すれば、企画開発、営業、宣伝、広報といった商品に携わる多部署の担当者全員が、共通のイメージを持つことができます。そのため、議論や意思決定がスムーズにできるわけです。

組織が大きい場合、たとえば、営業部員が200人いる大組織だとしたら、バラバラのイメージを想定していると、営業トークが顧客の心に刺さりません。社内の意思統一を図る意味でも、具体的なペルソナの共有は有効な手段です。

中学生の自転車を、中学生に売ってはいけない

では、実際にペルソナをどうやってつくっていけばいいのでしょうか。愛知県知多市にあるBという自転車店の成功事例をもとに、考えます。

その自転車店がある知多市は、首都圏とは違って地下鉄やバスなどの公共交通機関があまり便利ではありません。ですから、大半の子どもたちが中学や高校に自転車で通学しています。

そんなわけで、小学6年生から中学に上がるタイミングで、多くの子どもたちが自転車を購入します。春は、自転車店にとって大きなビジネスチャンスです。

それまで同店は、毎年この時期に、新聞折り込みチラシを配布していました。A3二つ折りの大きな紙面の表裏全面に、ビッシリと自転車の画像を並べていました。けれども、あまり効果がなく、売れ行きは芳《かんば》しくありませんでした。

ここで、「中学生用の自転車」のターゲット顧客は誰かを考えます。

チラシを見たり、お店に行ったりして、「この自転車が欲しい」と言うのは、子

どもたちです。でも実際に、どの自転車を買うかを決め、財布からお金を出して買うのは、その親、たいていは母親です。使い手と買い手、ユーザーとバイヤーが違うわけです。

何を買うかを決める人、お金を出す人、実際に使う人がそれぞれ違う、というケースは、家庭に限ったことではありません。皆さんも心当たりがあるでしょう。

ですから、「何を買うかを決める人」にアプローチするのが適切な戦略ですが、しばしば私たちは「実際に使う人」向けにプロモーションを行い失敗します。

進学者向けに自転車を売る場合で言えば、つくるべきペルソナは、「中学生用の自転車を買いそうなお母さん」です。そのお母さんのプロフィールを詳細に設定し、人物像を具体的な「1人」に絞り込んでいきます。

顧客の「仮面」の中を見る方法

では、「1人」の顧客をどうやって具体的な人物に落とし込めばいいのでしょうか。

これは4つの側面から考えていきます。

顧客のペルソナについて、まず考えるのが、性別、年齢、職業といった人口統計学的な側面です。これは、シンプルですね。

その次に、地域です。どこに住んでいるのか、どこで働いているのか、といった地理的な特性を設定します。これも、絶対的な事実があるので、そう難しくはありません。

そして、考えてもらいたいこと、残りの2つです。これらがペルソナをつくるうえで、もっとも大切なものです。

ひとつは、ライフスタイル。どんな生活を送っているのか、普段どんな行動をするのか、ということです。

もうひとつは、生き方や価値観です。何を大事に思っているのか、どんなことに重きを置くのか、という心理的なことです。

このライフスタイルと価値観は、現在のマーケティングにおいて、もっとも重要視されているものです。多様なライフスタイル、価値観を持つ顧客に響く商品やサービスを生み出すためには、人口統計学的なもの、地理的なものといった「表面的なもの」の分析だけではなく、生活や行動、心理や思考などの洞察が大切だと考えられるようになったからです。

このような、顧客の行動や思考の根底にあるもの、いわば「**顧客の本音**」のことを、マーケティング用語で「**コンシューマー・インサイト**」と言います。

ここまでを整理すると、それぞれ、

❶ 性別、年齢、職業といった人口統計学的なこと＝デモグラフィック

❷ 住んでいる場所、勤めているエリアなど、地理的なこと＝ジオグラフィック

❸ 普段の行動、ライフスタイル＝ビヘイヴィア

❹ 価値観や生き方に対する考え方、心理的な状況＝サイコグラフィック

となります。

このデモ、ジオ、ビヘイヴィア、サイコ、4つをそれぞれ設定することで、顧客のイメージを具体的に形づくっていくわけです。

この4つの側面を明快に定義し、「顧客の本音（コンシューマー・インサイト）」に迫ることができれば、具体的な人物像が明らかになり、ペルソナをかぶった顧客の「中の顔」がはっきりと見えるようになるのです。

ちなみに、この具体的な顧客像、あるいは顧客の本音は、製品開発をする際にも、できる開発者は頭にイメージしています。具体的にイメージできる「1人」の顧客が買ってくれないような商品は、他に誰も買ってくれないからです。

さらに多くの人に買ってもらう場合も、やはり漠然とした顧客像ではなく、個別具体的な「1人」を定義することによって、売り方を考えるステップのプロセスとするのが重要です。

「クラシック音楽が好きです」を真に受けない

では、具体例で見てみましょう。たとえば、高級オーディオ製品のターゲット顧客です。

東京郊外に住み、昼は丸の内のオフィスで働く50代の男性、大手メーカーでは部長職を務め、子どもはすでに就職している……。このように、イメージをふくらませます。

そして個別の人物像が浮かび上がったら、彼が、どんな生活を送り、どんな考え方をし、何を好むのかを想像します。

休日には、音楽を聴きながら読書をするのを好み、昼食にはたまにパスタを自分でつくることもあって、仕事も大切だが、家族や趣味にかける時間も大切にする……。

このように、「顧客の本音」、インサイトも深く追究するのですが、気をつけなければいけないのは、**顧客自身も自分の「本音」に気づいていないかもしれない**ことです。

この高級オーディオのターゲット顧客を対象に、「好きな音楽ジャンルは何ですか?」と聴くと、けっこうな割合の人が「私は、クラシックですね」と答えたとしましょう。でも、これがタテマエだとしたら、どうですか。

第1章でも、顧客の声に耳を傾けすぎてはいけないと書きましたが、この顧客のタテマエの答えを真に受けることがあるから、その後の戦略で間違えます。

人は何か質問されると、自分がどう答えると、相手にどんな印象を与えるかを気にして、本音を口にしないことがあります。

テレビの街頭インタビューで、政治や経済の問題について答えている人を見かけますが、彼らが自分の意見を答えていても、本当に彼らの意見かは、怪しい部分もあります。

つまり、他人の目を気にした人は、どう答えれば自分が格好良く見えるか、スマートに見えるかを想像しながら答える傾向があるというわけです。

この高級オーディオのターゲット顧客の例で言えば、「クラシック音楽が好き」と答えた人は、ひょっとすると、「本音では、ロックなんだけどね」と思っているかもしれないと注意する必要があります。

ただし、ここで止まっていてはいけません。実は、本音では「自分はロックが好き」だと思っている人も、潜在意識では「1970年代のアイドルの歌謡曲」が聴きたいのに、そのこと自体に本人が気づいていない場合があるからです。

これが自分でも忘れた欲求、隠れた本音です。

売る立場の人は、顧客の潜在意識が何かを一生懸命に考え、隠れた本音に応えるような商品、サービスを提供します。すると、「ああ、そういえば、これが欲しかったんだ」と喜ばれることになります。

どんな人に顧客になってもらいたいのか

では話を戻して、B自転車店の事例に当てはめて、ターゲット顧客の設定をどう行うのかを見てみましょう。

まずは、デモグラフィックから始めます。性別は、お母さんですから女性です。年齢は38歳。たった1人のコンシューマー像をつくる場合、年齢も1歳単位で決めます。職業は兼業主婦。子どもが小学6年生になって手が離れ、1年前からパートで働き出しました。

次は、ジオグラフィックです。これは、B自転車店のお店の近隣住民です。

そして、ビヘイヴィア、ライフスタイルです。これは事細かに想像して、リアルに設定する必要があります。

たとえば、平日週4日間は、朝10時から夕方5時まで、パートで事務の経理仕事。仕事が終わると急いで帰宅し、夕食の支度。夜、旦那《だんな》さんが寝たらゆっくりとテレビドラマを見たり、フェイスブックやツイッターでママ友と交流したりします。週末には、旦那さんと子ども2人と一緒に、デパートやショッピングモールで買い物をします。

このように、生活のシーンを想像して、細部を設定していくのです。

そして最後に、サイコグラフィック、その人の価値観を想定します。この場合は、自転車を買うお母さんの立場に立って考えます。

たとえば、「自転車はどれもそれほど違いがないのだから、1円でも安いほうがいい」と考えるのか、あるいは、「自転車は命を乗せて運んでくれる乗り物だから、少し高くてもいいものが欲しい」と考えるのか、ということです。

この価値観のとらえ方の違いによって、こちらの取る戦略がまったく違ってきます。

「1円でも安いほうがいい」という人には値引きをすればいいわけですが、後者の「大事な子どもの命を乗せるのだから、高くてもいいものが欲しい」という人には、メンテナンスやアフターケアなどのサービスを丁寧《ていねい》に提供します。ここをどう設定するか。これが一番重要なポイントです。

B自転車店の場合は、後者の「高くてもいいものが欲しい。丁寧なアフターサービスを提供してほしい」という価値観を持つ人物像を設定しました。

顧客の価値観をどのように設定するかは、商売の方向性を決めるうえで、大きな分岐点となります。なぜなら、「顧客の価値観」の設定は、自然に導かれるものではないからです。お店の主観によって、「決め」なければならないものです。

どういう人が買うかを「決め」ることは、つまり、どんな人に買ってもらいたいか、どんな人に顧客になってもらいたいのかを、自らの意思で設定したということでもあります。

「顧客の本音」ベースで考えても、心の底から、お子さんの安全を第一に考えるというお母さんに選んでもらいたい、ということになります。

この意思決定が、その後の売り方の選択、戦略を大きく左右することになるのです。

自転車を売るには、お洒落なカフェに行く

さあ、こうして中学生用の自転車を買うお母さんを想定した、B自転車店のペルソナが出来上がりました。

そして店長は、出来上がったペルソナからある仮説を立てました。

……高くてもいいからいい自転車が欲しいという価値観を持つお母さんというのは、きっと教育熱心であるに違いない。

教育熱心なお母さんなら、子どもに関する情報収集を常に欠かさないだろう。

では、お母さんは、日ごろ、どうやって情報を集めているのだろうか？

インターネット？　本？　テレビ？　一番は何だろう？

うーん……。ママ友だ！　ママ友とのランチで情報交換をしているはずだ。

そう考えた店長は、ママ友がランチに行きそうなお洒落なカフェに、実際に足を運びました。店長は、私と同年代の、ちょっといかつい見た目の方ですが、女性が好む洒落た店にランチを食べに行って、ママたちがどんな行動をとるのか、観察したのです。

この店長の行動は、マーケティングの観点から考えても、とても理にかなっています。私の知っている優秀なマーケターは、ターゲットの顧客について観察する際には、必ずその顧客がいる「現場」に足を運びます。

顧客がどのような人たちなのかを体感するためには、絶対に、その人たちがいる場所に行かなければなりません。

雑誌やインターネットなどで顧客の情報を集めようとする人を見かけますが、そこで得られた情報はあくまでバーチャルな顧客像、想像の産物でしかありません。

もちろん、想像力を働かせることが必要な局面はあるのですが、それでは十分ではないのです。

メーカーなどで、直接最終ユーザーと向き合うことがない場合、卸《おろし》や小売りのバイヤーを「顧客」だと勘違いすることもけっこうあります。これも大きな間違いです。

「最終ユーザー」というくらいですから、**商品に最終的にお金を払ってくれる人、利用してくれる人、使ってくれる人が「顧客」となります。**その顧客がどういう人かを知らなければ、正しい商品を考えることも、売り方の戦略を練ることもできません。

クチコミだけで1000万円以上も売れた!

こうして、カフェにまで出かけたB自転車店の店長が考えたのが、「共同購入」という仕掛けでした。

これはどういうものかというと、まず、ママ友グループのキーパーソンに共同購入用紙を渡します。この用紙には、10人まで名前を記入することができて、10人集まれば、その全員がB自転車店から特典を受けることができます。

この特典とは、値引きではなく、パンク・修理1年間無料、古い自転車の下取り無料、ヘルメット無料進呈、といったアフターケアやサービスです。

このとき、店長がキーパーソンの存在を重要視したのが注目すべきポイントです。共同購入の際に中心となって、特典をママ友たちにクチコミで広めてくれる人物です。

キーパーソンに向くタイプの人は、ひとつは、これまでに自分の店で自転車を買ったことがあって、とても満足している顧客、いわば自社のファン。もうひとつは、周囲に影響力がある人、他人の行動を動かせる人です。

これも、次ページのようなマトリックスにして考えてみましょう。

「ファンの度合い」を縦軸にとります。上に行けば行くほど、ファンの度合いが強い人、下に行けば行くほど、ファンの度合いが低い人です。

横軸に**「影響力」**をとります。右に行けば行くほど影響力が強い人。左に行けば行くほど影響力のない人です。そうすると、一番上の一番右に来る人、この人はファンであり、かつ影響力も強い人です。こういう人をキーパーソンとして重視しま

キーパーソンは誰だ?

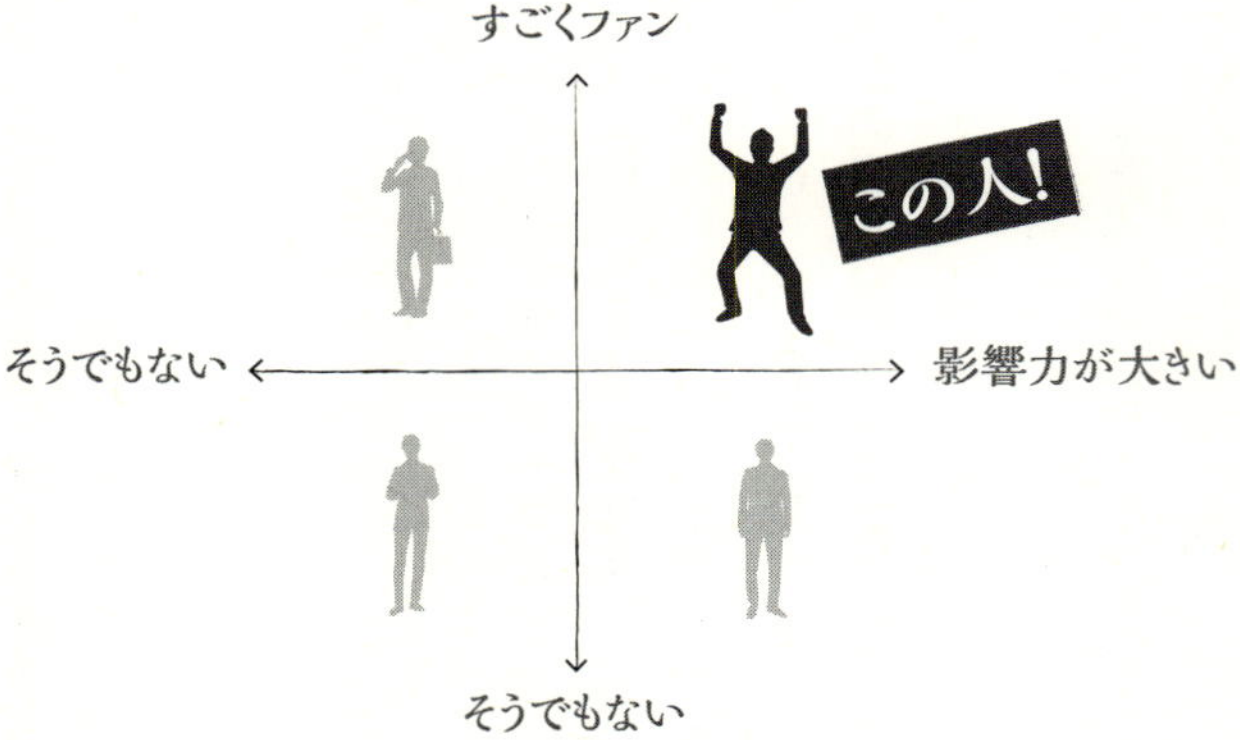

す。

このように、ファンの度合いが強く、商品やサービスの魅力をその企業になり代わって広めてくれる存在を、マーケティング用語で「**アンバサダー（ambassador）**」と言います。

このアンバサダーを日本語に訳すと「大使」という意味です。よく芸能人などが、生まれ故郷の「観光大使」としてその土地の魅力をアピールしていますが、その「大使」と同じ意味だと覚えればいいでしょう。

また、他人の購買行動に影響を与える存在を「**インフルエンサー（influencer）**」と言います。

たとえば、有名なブロガーなどが自らのブログで「おすすめの商品を使ってみた！」などと紹介すると、売り上げが急にアップしたりしますが、インフルエンサーとは、そのブロガーのような存在のことです。

こうしてB自転車店の共同購入の仕組みは、このアンバサダーであり、さらにインフルエンサーでもあるキーパーソンのクチコミであっという間に広まりました。

そして、なんと1カ月で173台、1200万円を売り上げたのです。

子どもをターゲットにしない飴屋さん

このように、顧客の特性をしっかり認識して適切な戦略を考えた事例がある一方で、市場が縮小している産業の場合は、ターゲットとなる顧客そのものをとらえ直す方策もあります。

先に新規顧客をターゲットとするのは難しいと書きましたが、**市場そのものが縮小している場合は、新たな市場を開拓しなければいけません。**ここで、もうひとつ事例を紹介しましょう。

中学生用の自転車と同じように、買う人と使う人が違う商品の代表格が、お菓子です。つまり、買うのは親で、食べるのは子どもというわけです。

私の友人で、ある飴《あめ》問屋の社長によると、飴菓子の市場は、少子化や健康志向の影響などもあり、年々縮小傾向にあるそうです。

ですから、飴菓子のターゲットを「子どもとその親」に限定しては、今後、ビジネスが立ち行かなくなってしまいます。

そこで、別のターゲットを開拓しようとしたのが、愛知県にある「まいあめ工房」という飴屋さんです。

この工房は、切っても切っても同じ顔が出てくる金太郎飴、正式には「組み飴」と呼ぶらしいのですが、その伝統的な日本の飴の製法技術を持っている工房です。

その技術を活かして、職人の手づくりによる「合格飴」という商品をつくりました。「合格」の文字が入った紅白の飴で、五角（ゴーカク）形の絵馬をかたどったパッケージに入れて販売しています。

これは、もちろんお菓子なのですが、縁起物としての「価値」を顧客に提供する商品で、単純に飴として売っているのではありません。

ですから、この飴を買うのは、受験生の親、親戚だけでなく、友人、恋人、教師、学習塾など、受験生の志望校合格を願うさまざまな人たちです。いわば、世の中の受験生を応援する人すべてがターゲットというわけです。

つまり、第1章で説明したように、自らの事業領域、ドメインから離れずに、新たな顧客の開拓に成功しています。飴に新たな「価値」を加えて、自らの強みを活かせています。

この合格飴、毎年、受験シーズンになるとテレビや新聞で取り上げられ、今や全国からお取り寄せの注文が入る、大ヒット商品になっています。

商品にも人生がある

ここでもうひとつ、違った切り口で、顧客を分類する方法を考えます。

それは、商品のサイクルと、顧客の購買態度との関係から分類する方法です。

新商品を世の中に出すと、市場に浸透していくにつれて売り上げが伸び、次第に売り上げのピークを迎え、徐々に衰退していくというプロセスを踏むことになります。

このような商品の市場でのプロセスを、人の一生になぞらえて「プロダクト（製品）・ライフサイクル」と言います。これは、一般に、次の4つの段階で考えられます。

❶導入期——発売してすぐの段階
❷成長期——世の中に広めていく段階
❸成熟期——定着してピークを迎える段階
❹衰退期——売り上げが落ちていく段階

それぞれの段階ごとに、マーケティング的な戦略が違ってくるのです。この各段階を横軸にとって、縦軸に売り上げと利益をとると、一般的に次ページの図のようになります。

たとえば、発売当初の「**導入期**」は、顧客に商品が出たことを認識してもらわなければいけません。認知度を上げるために、広告をたくさん打ったり、トライアル

いつ売れる？　いつ利益が上がる？

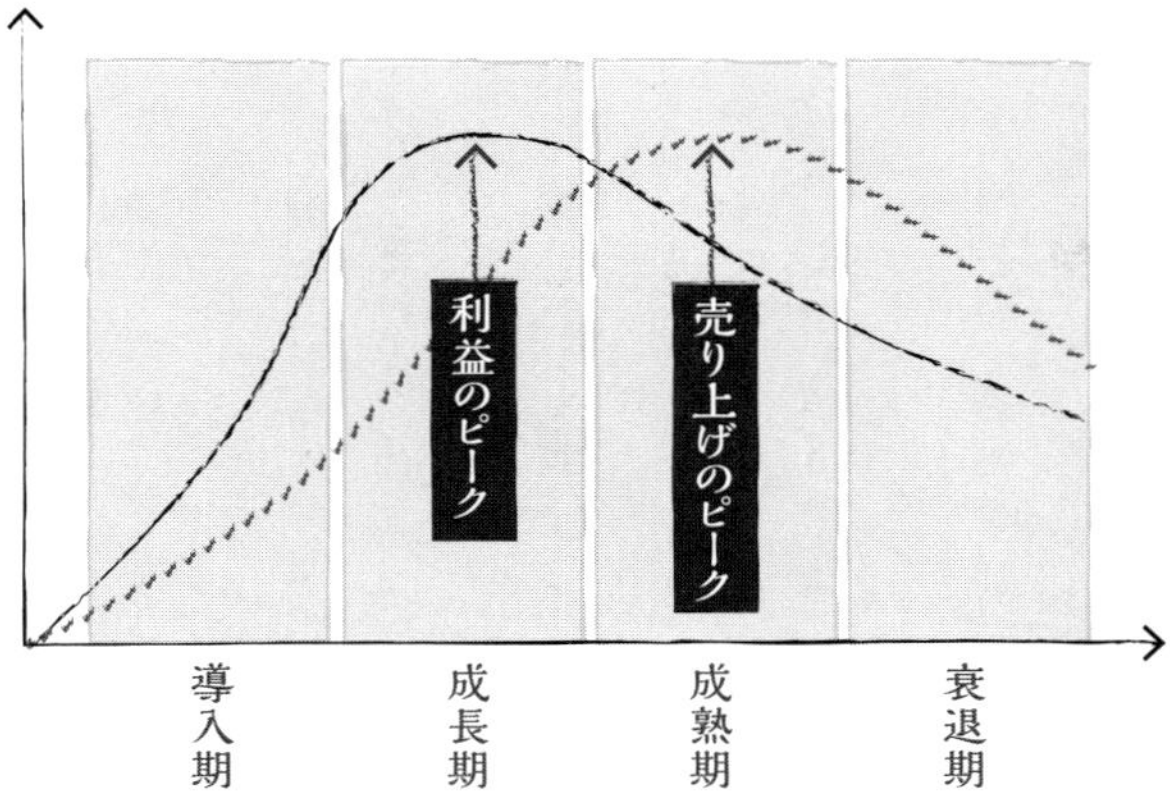

で買ってもらうための販売促進をしたりします。

そして、次第に商品が認知され、リピート客が増えてくる「**成長期**」は、商品の価値を広める広報宣伝活動をして顧客の理解度のアップに努めたり、参入してきた競合との差別化を押し出したりしていきます。この段階が、一番利益があげられます。

そしてピークである「**成熟期**」は、需要が頭打ちとなり、売り上げが停滞してくる時期です。競争が激化し、シェアの奪い合いで価格競争に陥る可能性があり、利益が下がってきますので、対応する戦略が必要になります。

さらに、売り上げが低下していく「**衰退期**」には、市場から上手に撤退する方法を考える必要があります。

このプロダクト・ライフサイクルは、すべての商品が同じプロセスとなるわけではありません。長期間にわたって定番商品になりうる食品などと、テクノロジーの進化によって次々に新商品が開発されるIT関連機器とでは、各段階の期間など、状況がまったく違います。

最先端にすぐ飛びつくのは、100人のうち2・5人

このプロダクト・ライフサイクルを知ったうえで、新しい商品に対する顧客の購入態度も、人によっていろいろであることを理解しなくてはいけません。

これは先ほどのインフルエンサーの説明とも深く関係するのですが、新商品が出ると、すぐに飛びつく顧客もいれば、周囲が使い始めて定着してからでないと買わないという顧客もいます。中には、「えっ、今ごろ買うの?」という人もいます。

アメリカの社会学者のエベレット・M・ロジャーズは、その著書『イノベーショ

ンの普及』（翔泳社）の中で、このような、新しい商品やサービスに対する消費者の購入態度を早い順から5つのタイプに分類し、説明しています。これを「イノベーター理論」と言います。

まず、新商品をいの一番に買うタイプです。これを「イノベーター」（Innovators：革新者）と言っています。冒険的で、商品の目新しさのみに注目し、他の人に先駆けて採用する人々。こういう消費者が市場全体の2・5パーセントほどいるとあります。

そして、イノベーターの次に新商品を買う人々を「アーリーアダプター」（Early Adopters：初期採用者）と言います。この人たちは、流行に敏感で、常にアンテナをはって新しい情報を収集し、自らの判断で商品を購入する人々です。

アーリーアダプターは、新しい価値、実用性といった面に着目して購入を検討するため、他の消費者への影響力が大きく、この層の人々の反応によって、市場に浸透するかどうかが左右されると考えられています。こういう人たちは、市場全体の13・5パーセントくらいいるとされています。

3番目は、「アーリーマジョリティ」（Early Majority：初期多数採用者）です。

新商品購入に対して慎重ではあるものの、「アーリーアダプター」の影響を受けて、全体の平均よりは比較的早く購入する人々。この層が全体の34パーセントを占めています。

その次は、「レイトマジョリティ」（Late Majority：後期多数採用者）です。その商品が市場に浸透し、ピークを迎えたあとで、「周りのみんなが使っているから」という確証が得られてから購入する人々です。この層も市場全体の34パーセントを構成します。

そして最後が、「ラガード」（Laggards：遅滞者）です。最も保守的で、流行やトレンドに関心のない人々です。その商品やサービスが世の中に当たり前のもののように定着し、一般化するまで採用しない、もしくは最後まで採用しない層です。こういう人たちが市場全体の16パーセントくらいいるとされています。

ヒットの障害になる顧客間の「溝」を超えろ

この5つのタイプの人々を具体的商品にあてはめると、それぞれ、どのように理解できるのか。わかりやすくするため、iPhoneの発売時を例に考えてみましょう。

まず、日本で発売になる前に海外から情報を集めてきて、ブログなどに書いて情報を発信、発売日には徹夜してアップルストアに並ぶ人。こういう人は「イノベーター」です。

次に、初期ロットを買う人々。発売日にアップルストアに並ぶほどではないけれど、ネットや雑誌、イノベーターからしっかり情報収集を行って、早い段階で予約購入をする人々です。こういう人は「アーリーアダプター」でしょう。

次の「アーリーマジョリティ」は、周囲の人々が買うまで様子をうかがっているようなタイプの人々ですから、アップルストアに人が大勢詰めかけているのを見たり、ネットや雑誌で取り上げられ、ブームが盛り上がっているのを見たりしてから、「みんなが買っているなら、買おうかな」と考えるタイプの人々だと言えます。

ここまでのイノベーター、アーリーアダプター、アーリーマジョリティまでの構成比率を先ほどの割合から合計すると、全体のちょうど50パーセント、半数になります。

「レイトマジョリティ」は、iPhoneが一般に定着し、大多数の人々が使っていて、その価値が十分に確認できてから買おうと思っている人々です。「ラガード」は、この例で言えば、今現在、iPhoneをまだ購入していない人々だと言うことができます。

なぜ、プロダクト・ライフサイクルとイノベーター理論を理解する必要があるのかというと、**現在、自社の商品がライフサイクルのどの位置にあるのか、顧客がどのタイプなのかを把握することで、取るべきマーケティングの手法がわかる**からです。

新商品を発売したばかりの導入期であれば、いかに早くイノベーターとアーリーアダプターをつかまえて、アーリーマジョリティへと広げられるかがポイントになります。特にアーリーマジョリティを取り込まなければ、ヒット商品にはなりませんから、ここをどう攻略するかがポイントになります。

この点についても、アメリカのマーケティング・コンサルタントであるジェフリー・ムーアという人が、特にハイテク商品のイノベーター理論に関して『キャズム』（翔泳社）という書籍で説明しています。

この本によると、アーリーアダプターとアーリーマジョリティの間に大きな溝（キャズム）があり、ここを乗り越えられるかどうかが、製品の普及の度合いの分かれ目になっていると説明しています。

ちょっと敏感な人々を大切にするのは、なぜか

イノベーター理論では、アーリーマジョリティはアーリーアダプターに影響されることが大きいとされています。これは、イノベーターとアーリーマジョリティとのコミュニケーションがあまりないからと考えられます。

となると、できるだけ多くのアーリーアダプターに普及させて、そこから多くのマジョリティに商品の良さや価値に関する情報を広げてもらわなければなりません。

ですから、それに合わせた戦略が必要になるわけです。

ここまでの説明は抽象的なので、我ながらわかりにくいと思います。そこで、かなり乱暴ではありますが、身近な人々を想像できるように説明してみます。

新商品、新技術が発売されて、いち早く飛びつく人は一般の人からは、マニアッ

ヒット商品への道はこれだ!

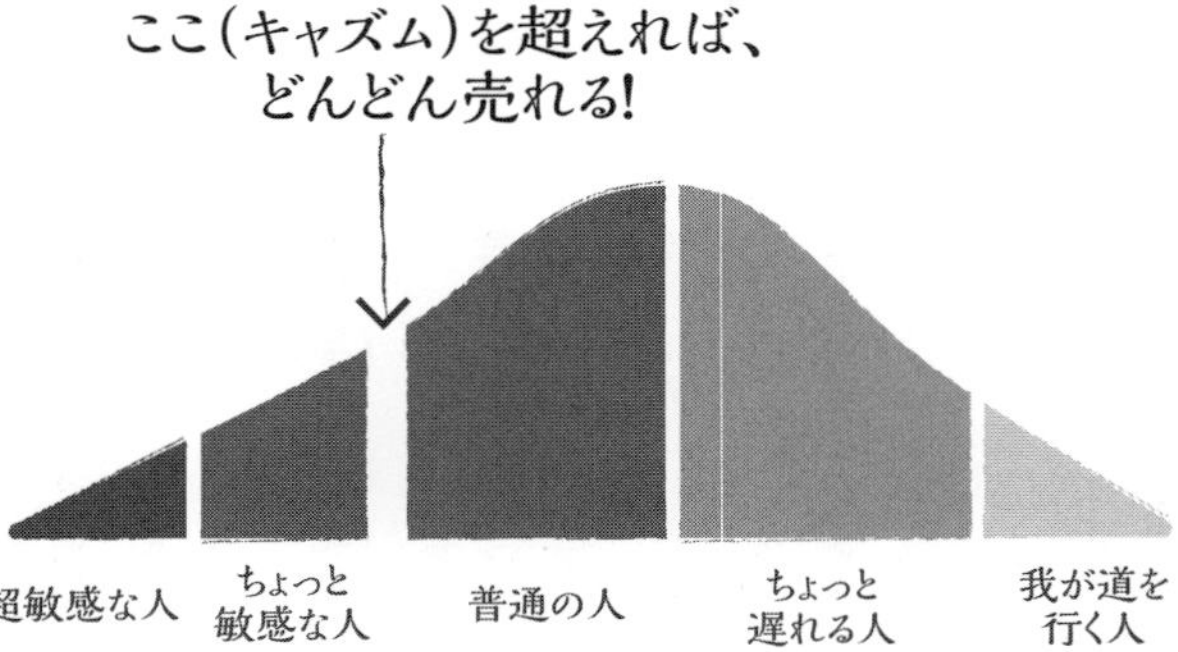

*ジェフリー・ムーア『キャズム』を参考に著者作成

クな人、場合によってはオタクな人とされているかもしれません。この人たちが買っているのを目にしても、「まあ、あの人はマニアだからね」というわけで、あまり広がりがありません。

しかも、こういうマニアな顧客は、自ら情報を求めて新商品に気づいてくれる代わりに、新しい商品、新しい技術に関する情報も「超敏感」な人々同士と交わすことが多そうです。

一方で、仲間内で、「あの人は流行を取り入れるのが早いよね」「新しいことよく知っているよね」とされる「ちょっと敏感」な人々は、ごく一般的な流行感覚を持つ人に対して、「これから、これが流行るんだよ」とか、「えっ、まだそれ使っているの」といった情報を提供することによって、商品を普及させてくれます。

ですから、プロダクト・ライフサイクルにおける導入期などに、この「ちょっと敏感」なアーリーアダプターの人々に、いかに広く商品を知ってもらい、そこから情報をどう広げてもらうかがヒットのカギとなるわけです。

その際に重要なのは、ちょっと敏感な人々に響くよう、商品の「価値」をわかりやすいメッセージにすることです。何が新しいのか、どこが珍しいのか、どう優れているのか、これをマジョリティに伝えやすい言葉として商品に乗せてあげるのです。

このように、顧客に対して最適なプロモーションを最適なタイミングで実施する。そのために、プロダクト・ライフサイクルと普及プロセスの分析が重要になってくるのです。

造り酒屋のターゲットは、お酒が飲めない女性

では、これまで説明してきた理論に沿って、意外なアーリーアダプターの取り込みに成功した事例をご紹介しましょう。

第1章で取り上げた、棚田の米で日本酒を造っている千古乃岩酒造です。

同社は、新たな顧客を開拓しようと、ギフト市場に参入しました。定期的に東京都内の有名デパートで期間限定の試飲会を開くなどして、首都圏でも徐々に人気を浸透させました。

ギフト市場に参入する際、同社は何を考えていたのでしょうか。杜氏さんは、「**ターゲットは、実はお酒の飲めない女性なんです**」と話してくれました。

お酒の飲めない女性？　どういうことでしょうか。

ギフト市場も、中学生用自転車、合格飴と同じよう

に、買う人と使う人が違います。

お酒の飲めない女性が、ギフトとして「日本酒を贈ろう」と思う相手は、当然、日本酒が好きです。けれども、お酒を飲まない人が、お酒に思い入れのある人に、お酒の贈りものをするのは、なかなか難しいことです。

たとえば、テレビＣＭをやっている大手酒造会社の誰もが知っているお酒を贈ることも考えられます。あるいは、有名な地酒を贈るようなこともあるでしょう。けれども、日本酒好きであれば、たぶんどれも一度は飲んだことがあるはずです。贈り物を喜んではくれるでしょうが、特別印象に残るギフトにするのは難しいかもしれません。

その点、知る人ぞ知るという存在の小さな蔵元の日本酒であれば、日本酒ファンの興味関心を惹くことができます。お酒が好きな人は、特定の銘柄を指定して飲み続けることもあるのですが、いろいろな酒蔵の商品を試すのも楽しみのひとつだからです。

その点、千古乃岩は小さな蔵元で、どこにでもある、というわけではない銘柄。そのうえ、「これは、岐阜の棚田のお米を使った珍しいお酒です。創業１００年以上続いている蔵元なんです」と言って、美しい棚田の写真を添えて贈ったら、相手の心に残るギフトになるはずです。

つまり、「棚田の米で醸した珍しい日本酒」というのは、商品の「価値」であると同時に、その**言葉自体がわかりやすいメッセージ**でもあります。

わかりやすいメッセージがあれば、ギフトを贈る側も、選んだ理由を明確に伝えられます。贈られた側は、お酒だけでなく、「自分のために、いろいろと調べてくれた」という、その気持ちに感動するかもしれません。

そして、贈られた側がお酒を美味しいと思えば、「実は、この前、棚田の米が原料の珍しい酒を飲んでね……」と、さらに他の日本酒ファンに話を伝えてもらえるかもしれません。こういうクチコミが広がっていくと、商品はどんどん普及していきます。

同社の杜氏さんは、こういうプロセスをねらって顧客ターゲット設定をしたのです。

この事例をイノベーター理論に当てはめると、ターゲットとなる「お酒の飲めない女性」は、マニアックな日本酒ファンではないけれども、珍しいものを贈り物にしたい、流行前にセンスのいいものを見つけたいというアーリーアダプターだと言えます。

この人々の間で人気に火がつけば、アーリーマジョリティ、つまり、一般の人々にも広まっていくはずだ、というわけです。

「誰に」は、立体的に考える

商品を売る際には、「誰に」を考えることはとても大切です。

では、ここで本章のおさらいをしましょう。

まず、あなたが売りたい商品「❶何を」は、どういう顧客、つまり「❷誰に」価値を提供できるのか、喜ばれるのか、ターゲットを明らかにします。

どんな商品をつくりたいか、売りたいかを考える時点で、すでに顧客の潜在的な欲求は頭にあるはずですから、これを具体的な「❸どうやって」という戦略に落とし込む際のプロセスとして、「誰に」をより具体的なイメージとします。

そのために、「1人」の顧客のイメージをはっきりと定める。

そして、自分の商品が、プロダクト・ライフサイクルのどの時点にあるのかを見定めたうえで、より広く普及させたい段階なら、自分の商品を喜んでくれる「ちょっと敏感な顧客」が誰なのかをイメージさせます。

さらに、個別具体的な「1人の顧客」と「ちょっと敏感な顧客」を重ね合わせ、ターゲットに響く価値をどうわかりやすいメッセージにすればいいのかを考えます。

このような立体的な思考で、**うちの商品は誰が喜んでくれるのだろう?**を徹底的に詰めていくことが大切です。

そして、ターゲットとして固まった「誰に」に届く、商品の「価値」、メッセージをどう伝えていくのか、これが「❸どうやって」ということになります。

第3章

とびきり美味しいカフェ、さて 店名は言えますか

「どうやって」を練る

自意識過剰のわなに、はまってはいけない

いい商品も考えられた、ターゲットとなる顧客も設定できた。あとは、商品のユニークな価値を顧客にメッセージとして届けるだけだ。では、その戦略はどうしよう。

やっとのことで、私たちはこのステップまで到達しました。つまり、**「❸どうやって」**を考えるのです。ただし、その「どうやって戦略」を考えるときに、頭の片隅に入れておいてもらいたいことがあります。それは……、

顧客は私たちが思っているほど、私たちの会社や商品のことを知らない

ということです。

当然ながら、私たちは自らの商品を常に意識して見ているため、その商品を身近に感じていますし、もちろん機能や価値も熟知しています。

そこで、プロモーション戦略を考えるとき、「うちのこの商品には、世間的には、こういうイメージがあるから……」というスタート地点に立とうとする人がいます。

世の中には何千万、何億という人がいるわけです。基本的に、そのほとんどの人は、「自社の商品を知らない」というスタンスでいたほうがいいでしょう。たとえ一度お店で手に取ったり、ネットで見たことがあったとしても、顧客はすぐに忘れてしまうものです。

「折り込みチラシやホームページ、フェイスブックなどで常に情報発信している。これだけやっているのだから、名前くらいは知っているだろう」

「この商品は、発売してかなり経っているから、多くの人がその価値を知っているはずだ」

こういう考えは、ただの自己満足、あるいは自意識過剰だと理解しておく必要があります。

ですから、「❶何を」を考えるうえで、というより、「❷誰に」「❸どうやって」も含めたマーケティング活動全体に関わることですが、**商品を買ってもらうには、まず顧客に認知してもらわなければなりません。**

認知といっても、その意味は2つあります。

ひとつは、「**認知する(recognition)**」。これは単純に、知っているかどうか。「理央周という人を知っていますか?」と聞かれて、イエスかノーか、ということです。

そして、もうひとつが「**想起する(recall)**」。これは覚えているか、思い出してもらえるかです。たとえば「マーケティング・コンサルタントと言えば?」と聞かれたときに、「理央周」と答えてもらえる。そういうことです。

「美味しいお茶は?」で、商品名が浮かびますか

この「認知」と「想起」の違いを具体的な商品で説明すると、こうなります。

ある会社のAさんが、職場の後輩であるBさんにペットボトルのお茶を買ってきてくれるよう頼む状況を思い浮かべてください。

「Bくん、ペットボトルのお茶を買ってきてほしいんだけど。美味しいのをお願い」

「美味しいお茶というと、何でしょう?」

しょう。

「『お〜いお茶』って知ってる？」

「はい、知っています」

「じゃ、それを買ってきて」

これがBさんに「認知」されているということです。一方、こんな場合はどうでしょう。

「Bくん、何か美味しいペットボトルのお茶を買ってきてほしいんだけど」

「わかりました。『お〜いお茶』にしましょうか」

「それ、お願い」

これがBさんに「想起」されたということです。

では、認知されている場合と、想起してもらえる場合、どちらがより売れるでしょうか。説明するまでもなく、**顧客に想起してもらえる商品のほうが、よく売れます。**

ですから、商品を供給する側は、最終的には「想起」されることを目指すことになります。しかし、ここまで到達するのは、かなりハードルが高いことですから、まずは顧客に知ってもらう。そしてその次に、思い出してもらう――。

自社の商品を「想起」してもらうには、そういうステップが必要なのです。

では、この前提を十分に理解していただいたうえで、「❸どうやって」について考えていきましょう。

SNSをやる理由、やらない理由は超シンプル

顧客に、「どうやって」知ってもらうのか、価値を感じてもらうのか、買ってもらうのかという手段には、数え切れないほどの選択肢があります。多くの方は、告知というと広告を想像されると思いますが、最近ではSNSサービスを使うケースも増えていますし、他にも、体験会や試供品配布、街頭イベントなど、数限りない方法があります。

そして、その数限りない方法にも、さらにいろいろな「やり方」があるので、何をすればもっとも効果的なのかを見定めるのは、とても難しいことです。

広告ひとつを考えても、テレビ、新聞、雑誌、チラシ、ポスターなどさまざまな媒体があります。

このとき、もし「❶何を、❷誰に」が決まらないまま、やみくもに広告を出したら、自分が売りたい顧客が見ていない媒体を使う可能性があります。

それでは、そこに費やしたお金も時間も労力もすべてが無駄になってしまいます。先に説明した出版広告の事例を思い出してください。だから、「❸どうやって」から先に考えてはいけないわけです。

私の友人に、清水絵津子さんというコミュニケーション講師がいます。セミナーや講座の依頼がひっきりなしに入る、たいへん人気のある方です。

少し前の話になりますが、そのビジネス最先端を行く彼女、しかもコミュニケーションを専門にする講師であるのに、フェイスブックをやっていなかったため、なぜやらないのかと聞いてみました。

すると彼女、「**私のお客さんは誰もやっていないから**」と即答しました。

その数カ月後に、私に彼女からフェイスブックの友達申請が来ました。驚いて、「どうして始めたの？」と聞くと、今度は、「**私のお客さんが始めたから**」と、やはりこのときも即答しました。

私はこれが正解だと思います。彼女は、自分の顧客が見ていない媒体にかかわることに、労力や時間を費やしても無駄になると考えていたわけです。

本書冒頭のCDショップの事例を思い出してください。売れ筋の中心が演歌と歌謡曲という店であれば、主要顧客層はシニア層が中心と類推できます。このお店の顧客の行動パターンを考えた場合、どんなに熱心にSNSで新譜情報を流しても、ほとんど効果は期待できないと考えるのが合理的です。

「どうやって」を考える際には、自分の顧客が接しているであろう媒体を選んで、効率よく伝える必要があるというわけです。

メッセージを乗せる、一番いい「乗り物」は何？

では、具体的に顧客に認知してもらうために、もっとも多くの人が考える方法、広告やPRなどを用いたコミュニケーションについて考えてみましょう。

広告やPR戦略については、いろいろな理論があるのですが、一般の方が覚えても実効性が低いので、ここではかなりざっくり、2つの要素から考えておきます。

ひとつは「**表現**」、もうひとつは「**媒体（メディア）**」です。

まず「表現」です。本書でも何度も登場している言葉です。これもかなりシンプルに、「**コピー**」と「**イメージ**」からなると理解しておきます。

コピーというのは、つまり、その商品の価値、メッセージを文字、言葉によって表現することです。**キャッチコピー**（一言で印象づけるキャッチフレーズ）や**ボディコピー**（キャッチだけでは説明できない商品紹介）などがあります。

さらに、イメージというのは、動画、写真、デザインなど、やはり商品の価値、メッセージをビジュアルにどう表現して顧客に伝えるかと理解しておいてください。

この「表現」をどういうものにするかは、とても難易度の高い仕事で、正解というものがありません。広告業界では、いわゆる「クリエイティブ」と呼ばれる分野の仕事になります。

コピーライターやグラフィック・デザイナーなどプロの力を借りることもありますが、そういった専門家に頼ることなく、自分たちで頭を使って考えることも少なくありません。

これらの表現を乗せるのが、媒体（メディア）です。英語では、車や乗り物という意味の「ビークル（vehicle）」と言ったりもします。

この「表現」と「媒体」、どういう表現をしたいから、この媒体を選ぶ、あるいはこの媒体を選んだから、こういう表現をする、というように、切っても切り離せない関係です。テレビCMと新聞広告では、伝えるべきメッセージの表現も変わりますから、とてもわかりやすいと思います。

要は、**「大切な顧客に心を込めたメッセージを、一番いい乗り物に乗せてお届けする」**ということを理解する必要があるということです。

では、顧客へのメッセージを乗せる媒体を、どのように選択すればいいのでしょうか。広告の例で考えてみます。

まずは、媒体の種類、特性をしっかりと把握するということです。媒体には多くの種類があり、またそれぞれに特徴があるので、その特性に応じて使い分けます。

テレビにCMを出す場合は、映像で強いインパクトを与えることができ、また視聴率によっては一気に多くの顧客にメッセージを届けられますが、その反面、コストが高く、時間も基本的に15秒しかありません。

一方、新聞や雑誌などの印刷媒体の広告は、テレビほど広く強いインパクトはないものの、手もとでじっくり見られるので、スペックなどの詳細な情報を伝えることに適しています。

さらに大切なのは、それぞれの特性を活かして、媒体を複数組み合わせるということです。

大企業が新商品を出す場合、テレビＣＭだけをたくさん使って、他の媒体を一切使わないということは、まずあり得ません。

テレビＣＭで認知度を上げ、雑誌広告でイメージを固めて、商品の特長を新聞広告やホームページでしっかり伝える。そして、顧客が来店したときに、ポスターやポップでメッセージを届ける。

このように、複数の媒体を組み合わせることで相乗効果を生み出し、最速最短で顧客にメッセージを伝えることが重要です。

同じシャンプーでも、宣伝の仕方は大きく変わる

最速最短で顧客にメッセージを伝える媒体を選ぶ際に、気をつけてほしいことがあります。それは、中立の立場で選ぶということです。これをマーケティング用語で「**メディアニュートラル**」と言います。

これは、テレビ、新聞、雑誌といったあらゆる**メディアに対する固定観念をいったん捨て、白紙の状態にしてから、最も有効なメディアを選ぶ**という考え方です。

では、どうしたら最適な媒体を選ぶことができるのでしょうか。

それは、**自社のターゲットとなる顧客の行動を想像してみる**ことです。第2章のペルソナ・マーケティングのように、顧客のライフスタイルを細かく考えてみます。

たとえば、シャンプーを例に考えてみましょう。手ごろな値段の商品と、価格が高めの商品とでは、広告を出す（出稿する）媒体が違ってきます。

手ごろな商品を買う顧客は、小さな子どもがいるアラサー主婦、節約志向で、お得な生活情報に敏感。ママ友とラインで情報交換をするのが楽しみ……。

このように想定するのならば、彼女たちがもっともよく接していそうなメディア、テレビCMだったらお昼の情報番組、雑誌広告は「オレンジページ」「レタスクラブ」といった料理雑誌や生活情報誌、またスマートフォンであれば、ラインに公式アカウントを設置するといった媒体を選んでいくことでターゲット層への到達率（リーチ）を上げていきます。

一方、価格設定が高めの商品の場合は、コスト効率よりも、おしゃれに対する感度が高く、昼間はオフィス街で働く女性などを想定します。この場合、テレビCMなら夜のドラマや、雑誌であれば「CanCam」「25ans」などの女性ファッション誌といった媒体に広告を出すことで、より効率的にターゲット顧客に到達できます。

つまり、同じカテゴリーの商品でも、ターゲットとする顧客が違えば、広告を出す媒体も変わってきますから、「流行のメディアだから」とか、「これまでずっと自社で使ってきたから」といった固定観念をいったん捨てて、「ターゲット層がよく接するメディアは何だろう」という中立の立場で最適な媒体を選ばなければいけないわけです。さらに、それらを複数組み合わせることで相乗効果を生み出します。

これは、テレビや全国紙などのマス媒体に限った話ではありません。新聞の折り込み広告を思い出せば、マンションや高級車が目立つ新聞、スーパーや家電量販店が目立つ曜日など、地元密着型の広告でもいろいろな違いがあることがわかります。

こうしてきめ細かな対応をすれば、顧客に効率よく効果的にメッセージを届けられます。

メディアはうまく利用する、でも「やらせ」はNG

ここ数年、ツイッターやフェイスブックといったソーシャルメディアが、マーケティングに大きな影響力を持つようになってきました。そこで、顧客と自社をつなぐすべての接点や仕組みをメディアとしてとらえ直し、マーケティングに活かせるように、3つに整理・分類した「トリプルメディア」というモデルが、注目を集めています。

トリプルメディアの中身は、次の3つです。

●ペイド（paid）メディア

●オウンド（owned）メディア
●アーンド（earned）メディア

これらには、それぞれ長所と短所があります。

ペイドメディアとは、「買う」メディアのことです。お金を払って広告枠を買うもので、テレビCMや新聞、雑誌広告など、従来型のマス広告がこれにあたります。ネット広告もこれに含むとする考え方もあります。

長所は、自分が伝えたいタイミングで伝えたいことだけを伝えられる、ということです。影響力が大きいので、短期間で商品やサービスの認知度を上げるのに効果があります。

一方で、費用がかさむという短所もあります。さらに、企業から一方的に発信されるメッセージであることが、消費者からのレスポンスが落ちてきているのでは、と見られる面もありますが、ネット広告などは、顧客との双方向のコミュニケーションが可能になり、新たな可能性も期待されています。

次の「オウンドメディア」とは、自社で持つメディアのことです。ホームページやメールマガジンなどのネットを使ったメディアだけでなく、ショールームや実店舗なども広く含まれます。

これは、自社で管理・運営するので、コントロールしやすいという点が長所です。媒体を買うわけではないため、運営方法によっては、コストが低いというメリットもあります。

一方で、育てるのにある程度の時間がかかるという面もあります。ホームページをつくったからといって、アップしたその日から1日に1万アクセスあるようなことは、ほとんどありません。集客をするのに時間がかかる、という面があります。

3つめの「アーンドメディア」とは、自社が信頼や評判を得るメディアのことです。フェイスブックやツイッターといったソーシャルメディア、食べログなどのクチコミサイト、アマゾンや楽天のカスタマーレビューなども含まれます。

長所は、第三者がニュートラルな立場で言っていることが大前提なので、一般の人々に信頼される確率が高いということです。

その反面、自分たちでコントロールできないという短所もあります。ネガティブな内容のクチコミがネット上に拡散してしまう恐れもあります。かといって、「お金を払うからいいレビューを書いてください」といった、いわゆる「やらせ」のクチコミは言うまでもなくアウトです。発覚すれば、大きなダメージを負います。

「知る、買う、また買う」のサイクルをつくる

では、この3つのメディアを組み合わせて相乗効果を生み出すには、どうしたらいいでしょうか。それぞれのメディアの特性を活かすことを考えます。

大きな流れとしては、次のようなサイクルになります。

❶ ペイドメディアで認知度を上げて、オウンドメディアに呼び込む

❷ オウンドメディアで、商品への理解を促したり、販売促進を行い、買ってもらう

❸ 買ってくれた顧客には、ＤＭやニュースレターを出し、また買ってもらう

つまり、「知る、買う、また買う」の3段階のプロセスを仕組み化するわけです。

メディアで買ってもらうステップ

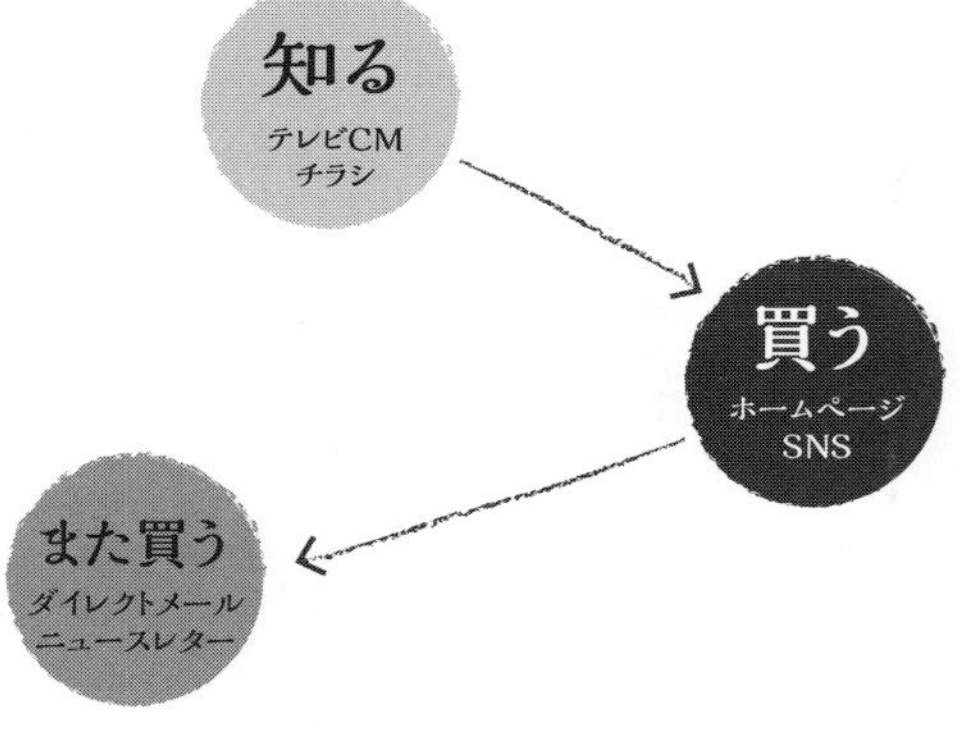

加えて、❷の段階で、自社のＨＰ、あるいは実店舗を訪問してくれた顧客のなるべく多くに、ＤＭやニュースレターを出せる仕組みをつくれば、たとえ初回の訪問では買ってくれなかったとしても、次に買ってくれるチャンスを高められることになります。

その意味では、ペイドメディアで知ってもらった顧客に、いかに自社のＨＰや実店舗に来てもらうかが大切です。なぜなら、ペイドメディアには、時間的、スペース的な制約があって、なかなか商品の特性を完全に説明することが難しいからです。

テレビＣＭで、少し前に流行した

「続きはウェブで」というのは、オウンドメディア（自社ＨＰ）に顧客を呼び込むという点で、とてもうまいやり方でした。

さらに、提供している商品やサービスの品質が優れていれば、顧客がフェイスブックやカスタマーレビューなどのアーンドメディアにそのことを書いてくれたりします。

こうしたメディア空間で好評が広がっていくと、認知度がさらに上がります。最近は、顧客も情報感度がたいへん高くなっているので、新しい商品やサービスに対しては、事前に入念な情報収集をすることが多くなっています。

だからこそ、商品やサービスの品質、価値は徹底的に上げることが大切なのです。

トラックのサイズと値段を示さない引っ越し会社

媒体の次に、顧客にメッセージを伝えるための「表現」について考えていきます。

表現を考えるときに大切なのは、徹底的に顧客目線になることです。どうしても、伝える側は、あれも入れたい、これも入れたいとなるのですが、それはあくまで売り手目線。**顧客は、それほど自分には興味を持ってくれていない**と考え、どうすれば響く表現になるかを工夫します。

つまり、顧客が欲しいと思う目には見えない「価値」を明確にわかりやすく、また興味を持ってもらえる形で伝えることが大切というわけです。具体的な事例で紹介しましょう。

ここで紹介するのは、仕事の進め方、またメッセージを表現する際に、徹底的な顧客目線を実現させて好業績を上げている引っ越し会社です。愛知県にある引越一番という会社です。

同社は、テレビCMが全国で流されているような大手と比べると、規模も知名度も低い、中堅の業者ですが、顧客満足度は93パーセント、しかも高リピート率を誇っている会社です。

今、引っ越し業界はとても競争が厳しくなっています。ネット上には、一度に数十社からの見積りが取れる「一括見積りサイト」が多数存在し、料金を比較できるようになっています。そのため、激しい価格競争が繰り広げられています。

多くの会社のホームページでは、トップで、「単身プラン、2トントラック、作業員2名　1万6800円」など、安さを前面に押し出した情報がアピールされています。

けれども、この引越一番のホームページのトップには、料金表が載っていません。その代わり、幸せそうにほほ笑む家族や社員たちの写真がアップされています。同時に、高品質な仕事をすることによって、**顧客満足度が高い**という点を強くアピールしています。

価格競争が激しい引越し業界では、価格が多少高くなってもいいから、丁寧な仕事、サービスが充実した会社を選んでくれる顧客は、大切にすべき存在です。また、顧客単価が高くなる引っ越し、つまり家族の引っ越しをなるべく多く受けると、売り上げ効率を高めることになります。

この点から考えると、新築の家に入居する家族の引っ越しを受けるのがもっとも望ましいと言います。頑張って建てた新居に入る場合、作業で傷をつけられてはたまらないので、多少、料金は高くてもいいから、いいサービスを提供してもらいたいと考えるからだそうです。

そこで同社は、「**いいお客様**」から選んでもらうために、徹底的に顧客の声を聞きました。引っ越しは、第1章で説明した「持続的イノベーション」が重要な業界です。

作業が終了したあと、不満足だった点をアンケート用紙に記入してもらい、ドライバーが会社に持ち帰り、翌日の朝礼で全作業員にフィードバックし、すぐに問題を解決するのです。

そして、顧客の声を活かして、実際の作業工程を大幅に改善しました。

家具に傷をつけずに運ぶため、トラック全車の床をカーペット貼りにしたり、作業員が家に入るときには靴下を履《は》き替《か》えたりと、細部まで気遣いを欠かさず、懇切《こんせつ》丁寧《ていねい》な引っ越しを目指しました。その積み重ねで、顧客満足度93パーセントを実現したわけです。

そのうえで、ホームページでは高品質な仕事と顧客満足度を訴えることにしました。

この、安さをセールスポイントにしないという戦略は、価格が提示されると、それによって、内容も類推されるという第1章で説明したハロー効果などの面から考えても、高品質を暗黙のうちにアピールすることができ、とても合理的です。

引越一番のホームページは、「いいお客様は値引きよりも、いいサービスを求める」という前提に立ち、徹底した顧客目線での表現を志向しているわけです。

外国人モデルの広告は、なぜ効かなかったのか

表現の「イメージ」を考えるときに、売り手目線でやってしまいがちな失敗があります。顧客の求めている価値からかけ離れたものを表現してしまうのです。具体例を見ましょう。

私にはエステサロンを経営している知り合い、友人が何人かいます。ほとんどの方が「ホットペッパービューティー」など、美容系フリーペーパーに広告を載せています。

ところが、その広告を見てみると、たいてい、とても美しい外国の女性モデルを採用しています。しかし、外国人モデルを起用しているお店は、残念ながら、いまひとつ集客につながっていない印象があります。

お店は、顧客が「このモデルのようにきれいになりたいと思うだろう」と考えて

外国人モデルを採用しているのでしょう。

けれども、広告を見る潜在顧客は、「今よりもっときれいな自分になりたい」「もっとスリムな自分になりたい」とは思っても、けっして外国人のような見た目になりたいとは望んでいません。だから、この広告では、潜在顧客と店との距離が縮まらないのです。

この場合、顧客像に近い日本人モデルを使う。あるいは、「私が施術《せじゅつ》します」といってエステのオーナー、もしくは看板エステティシャンの写真を使う、というイメージ戦略が考えられます。

エステは一対一で、エステティシャンが顧客の身体に直接触れるわけです。実際に来店した際に、どんな人が施術してくれるのか、その顔が見えれば安心感が生まれます。そうすることで、店と顧客との距離を縮められるかもしれないわけです。

マーケティング用語には、「**ブランド・アソシエイション（連想）**」という言葉があります。これは、顧客が、そのブランドの名前を聞いて連想する、すべてのイメージや言葉などを指します。顧客が連想するのは、直接、体験したことに加え、広告などの情報から得られるものも多いのです。

マーケティングでは、このブランド連想が、競争相手に比べて特別なもの、差異化できていることが重要とされています。

ですから、競合相手の多くが外国人モデルでイメージをつくっている場合、自社のオーナーや看板エステティシャンでイメージをつくれば、そのぶんだけ「特別」な連想につながる可能性も高くなります。同時に、そのエステの名前を聞いて、「安心、親しみやすい」などの言葉が連想されれば、さらに顧客との距離感を縮めることができるでしょう。

商品をよく知っていると、つい見逃してしまうもの

また、顧客目線でチラシをつくり、表現の工夫をしっかりすることによって成功した事例を見てみましょう。第2章で紹介したB自転車店のお話です。

店長の課題は、「電動自転車は、チラシを折り込んでも0台、もしくは2、3台しか売れないのです」ということでした。

こういう場合、絶対にやってはいけないことは、安易に値引きをすることです。

自転車市場で、もっとも「売る」のは、ホームセンターをはじめとする量販店です。量販店は、スケールメリットを活かして大量に仕入れることで、低価格を実現できます。同時に、激しい値引き合戦に陥っています。街の小さな自転車店がこの価格競争に巻き込まれたら、勝てるはずがありません。ですから、同じ土俵で戦ってはいけないのです。

では、どうするか。どんなに小さなことでもいいので、小さいところから独自の強みを見つけていくしかありません。

まず店長と、顧客目線で電動自転車の価値を考えてみました。仕様書やスペック一覧にはない、目には見えない価値です。

すると、「車の代わりに乗ればガソリン代を節約できる」「運動不足解消になる」「環境にもいい」といった価値が挙げられました。さらに店長は、「免許がなくても乗れる」にも、顧客を惹きつける価値があると気づいたのです。

私たちは、自社の商品を知りすぎているので、顧客が抱く素朴な疑問を見逃します。だから、電動自転車には免許が必要だと思っている人の存在に気がつきません。けれども、店長は日ごろ顧客と接する中で、そのことに気づき、それを価値に結びつけることができました。これは、日ごろ顧客と真摯に向き合っているからこそのひらめきです。

1回のチラシで、電動自転車が14倍も売れた！

そこで、B自転車店の店長は折り込みチラシに、「電動自転車の実力を知っていますか？」というキャッチコピーを大きく掲げ、「免許がなくても乗れます」など、商品の価値について、箇条書きにして掲載しました。そして、そのチラシには、さらにひと工夫加えることを考えました。

よく見る自転車店のチラシには、「新生活応援フェア！」「決算大感謝祭！」といった派手な見出しとともに、表面、裏面合わせて50台くらいの自転車の画像が所せましと並べられています。

自転車画像の横にはメーカー名とサイズ、色、8段変速といったスペックが小さな文字で表記され、値引き価格が大きな赤い文字で記載されています。デザインの違いは多少あれど、多くの自転車店ではたいていい同じようなチラシです。

けれども店長は、思い切ったことをやりました。チラシに掲載した電動自転車の画像はたったの4台。

掲載商品の数を減らす代わりに、店の周辺にある6つの坂を店長自ら電動自転車に乗ってのぼり、「坂をのぼってきました！」と、その様子を写真や地図とともにレポート風にして載せたのです。坂が楽にのぼれるという商品最大の機能、価値を楽しくわかりやすく伝えたわけです。

そして、紙面の一番下に、「懇切丁寧なメンテナンス、きめ細かなサービスを心がけています」というコメントとともに店長の顔写真を載せました。

すると、これまでチラシを入れても、0台、あるいは売れても2台くらいだった電動自転車が、このチラシを折り込むと、なんとそのおよそ14倍、28台も売れたのです。

この数字は、顧客は価格と品揃えだけを重視しているわけではないという証です。店長は、価格よりもそれ以外のメリット、つまり、顧客が明示的に意識していない価値、また懇切丁寧な応対やメンテナンスなどのアフターサービスの充実を表現することによって、潜在的なニーズを取り込むことができたわけです。

「こだわりの素材」ではなく、「大間のマグロ」を食べたい

もう少し「表現」について考えてみましょう。

商品、特に食品などの場合、「こだわりの素材」「こだわりの製法」といったものを前面に押し出した広告を多く見かけます。

そもそも「こだわる」という日本語の使い方が正しいかどうかは別にして、顧客が、その「こだわり」を知ることで、さらにその美味しさが実感できるわけですから、そういう広告もありだと思います。

ただし、これだけ世の中に「こだわり」があふれると、それが、ほかに比べてどれほど優れているのかを、きちんと伝えられなければ意味がありません。

ですから、こだわりの食材であれば、顧客に「固有名詞」で連想、認識してもらえるような表現が必要になります。さらに、固有名詞から連想してもらえるイメージを、「美味しい、安全、ユニーク」などポジティブなものとして認識されるものに設定できれば、より効果は上がります。

わかりやすい事例では、「松阪牛A5ランクの肉だけでつくったハンバーグ」や、「純系名古屋コーチンがたっぷり入った鍋料理」、「大間の天然物の各部位をふんだんに使ったマグロ丼」と聞けば、かなりの人は食欲を刺激されるはずです。

さらに、そこからもう一歩進めて考えるには、第1章でご説明した「機能」と「価値」の議論で理解いただくのがいいと思います。

かつて、企業が商品などを宣伝、広報する際は、「**これは、どんなものなのか**」という機能面が重視されていました。これは、いわば「こだわりの素材、こだわりの手法」と同じく、売り手目線のメッセージです。

ところが、マーケティングの知見が広がっている現在においては、顧客目線のメッセージである、「**これによって、どんないいことがあるのか**」を表現するケースがたいへん多くなっているのです。

それはなぜか。顧客は、商品の「こだわり」という「機能」よりも、その商品を使ったときの「価値」に重きを置くからです。ですから、松阪牛、名古屋コーチン、大間のマグロなど、すでにブランドが確立されていて、それがもたらす「価値」を多くの人が共有していれば、その表現は意味があるものになります。

一方で、「名古屋のマーケター理央周がプロデュースした、こだわりのバウムクーヘン」だけでは、私が何にこだわっているのかが不明ですし、そもそも私は誰なのかと思われることも多いでしょうから、なかなか顧客の食欲を喚起できないでしょう。

ただし、「何だ、これは？」とか、「初めて見るから、試してみたい」という好奇心を満たすことも、ある種の「価値」の提供ですから、それをねらうというテクニックもありますが、名古屋コーチンほどの効果があるかは保証できません。

それよりもむしろ、食べるシチュエーションや新しい食べ方の価値をつくり込んで、「誕生日に喜ばれる、年齢の数だけ年輪が刻めるバウムクーヘン」とか、「お酒のつまみになる、上品な甘みのバウムクーヘン」などをビジュアルとともに表現したほうが、顧客には響きそうです。

ｉＰｈｏｎｅにビデオ通話アプリが搭載されたときのＣＭに、こんなものがありました。

出張中のお父さんの誕生日に、小さな娘とお母さんがケーキを用意してお祝いするというシチュエーションです。画面越しにお父さんがケーキのろうそくの火を吹き消す、そんなシーンもありました。

このアプリがあれば、離れていても家にいるような疑似体験ができるよね、という表現です。そこには、Facetime というアプリの名前も、カメラのスペックも一切登場しません。私はこのCMが大好きです。

このように、目には見えない価値を表現することで、顧客の心に刺さるメッセージが届けられます。顧客は、スマホの「薄さ」が欲しいのではなく、「すっぽり手に収まること」が欲しいのです。

同じように、顧客は、「こだわり」が欲しいのではなく、「美味しさ」や「安心」、場合によっては「希少性そのもの」が欲しいのだということを覚えておく必要があります。

一番伝えたいことは左上に置く

大企業であれば広告予算も莫大ですから、テレビやラジオのCM、新聞・雑誌の広告、ポスター、チラシ、DM、ホームページ、店頭など、多くの媒体を使うことができます。このとき、すべての媒体に同じメッセージを乗せていくことが大切です。

当たり前ですが、媒体によってメッセージが変わってしまっては、顧客は混乱します。それぞれのメディアを串刺しにするかのように、同じメッセージを乗せて、統一感のあるものにしていくのです。

これを「**統合型コミュニケーション**」、英語では「インテグレーテッド・マーケティング・コミュニケーション」と言います。

メッセージを串刺しにして、どこで顧客が触れても同じものにする。顧客は、複数の媒体で何度も同じメッセージを見ることで、初めてその商品を覚えてくれるわけです。

したがって、効果的なプロモーションを行うには、複数の媒体を重ねて活用すること、メッセージを統一して一貫性のあるコミュニケーションを行うことが重要なのです。

さらに、DMやチラシ、会社案内などの紙媒体、またホームページやメールマガジンなどのデジタル媒体、どちらも平面の媒体ですが、この平面の媒体を使ってメ

人間は左上から見るのだ

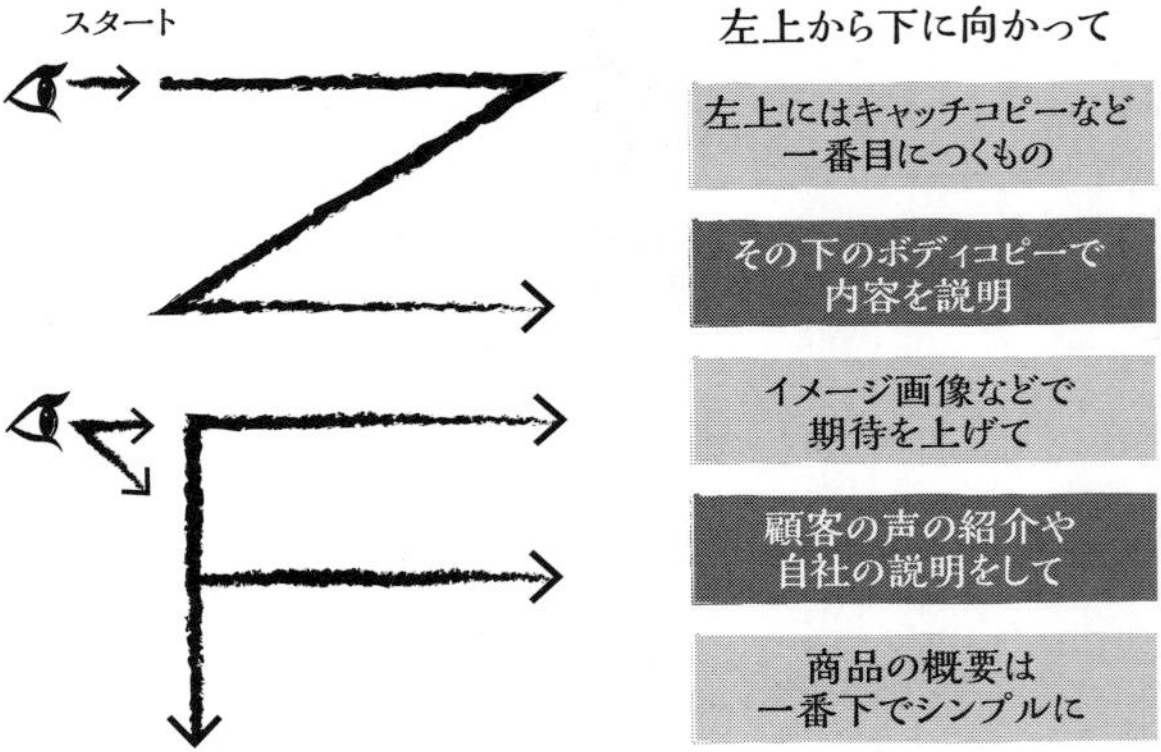
スタート
左上から下に向かって
左上にはキャッチコピーなど一番目につくもの
その下のボディコピーで内容を説明
イメージ画像などで期待を上げて
顧客の声の紹介や自社の説明をして
商品の概要は一番下でシンプルに

ッセージをつくるとき、注意しておきたいポイントをひとつご紹介します。

媒体を活用する際は、**デザインの美しさ、かっこよさももちろん大切ですが、顧客にメッセージをしっかりと伝える**ために、コンテンツの配置や構成にも十分配慮する必要があります。その際、人間の目の動き方に着目して、コンテンツを配置すると、お客様を効果的に誘導することができます。

人間は平面の媒体を見るとき、ある決まったパターンで目を動かすと言われています。左上から、英文字の「Z」や「F」をたどるように目を動かすのです。

この特性を利用して、顧客の目が通過する位置に、一番伝えたいコンテンツを並べれば、目に留まる確率が高くなります。

ですから、もっとも伝えたいこと、大切なことは左上に持ってくる。そこで顧客の注意をギュッと引く、キャッチするわけです。だから「キャッチコピー」というわけです。

逆に言うと、左上を見てもらえなければ、その下は絶対に見てもらえません。顧客目線に立って、左上に顧客が感じるベネフィット、あるいは、顧客がまったく想像もしなかったようなこと、そういうものを入れて、顧客を惹きつける。それがポイントになります。

売れるコピーのポイントはひとつだけ

さらに、コンテンツの配置や構成について気をつけなければいけないことが、もうひとつあります。

通販会社のジャパネットたかたを例に考えてみましょう。たとえば、通販番組で高田明元社長が薄型テレビを売るとき、番組構成はどのようになっていたでしょうか。

高田さんはあの独特の声と語り口で、まずは、薄型テレビの便利な機能について説明します。そのあと、それを使うとどんな楽しみ方ができるのか、その価値を再現映像などで解説していました。

そして、「古いテレビを3万円で下取りします」とか「テレビ台もつけます」といったサービスを伝えます。

そして、一番最後に「こんなに価値のあるものが」と、商品の映像をバーンと見せて、「こんなにお買い得なお値段です」と価格を紹介するのです。

これは、番組を見ている顧客の心の動きを推測し、それに合わせた構成になっていた、というわけです。

商品やサービスを売りたい場合、**商品の画像と値段、これを最後に持ってくる**のが鉄則です。

では、なぜ値段を最初に持ってきてはいけないのでしょうか。

それは、**値段を見た瞬間に買う気がなくなる顧客がいる**からです。

はじめに「この薄型テレビは10万円です！」と言ったら、10万円より高級なものが欲しい顧客、あるいはもっと安い、5万円くらいのものを買おうと思っていた顧客は、その場でチャンネルを変えてしまいます。これは、テレビに限らず、どの媒体にも言えることです。

どんな媒体であっても、まず顧客の注意を引くことが大切です。キャッチコピーで注意を引いたら、ボディコピーやイメージ画像で、「これを使うとこんなに便利ですよ」「こんな風に楽しめますよ」といった価値をしっかりと伝える。

そして最後に、「こんなにお買い得なんです」と価格を告げます。これは絶対的基準で「価格が安い」と打ち出すのではなく、「この価値に対してこのお値段は、あなたにとって投資対効果がありますよ」という相対的価値を知らせるのです。

そして、価格を伝えたあと、最後の最後に――これが非常に重要ですが――顧客の購買行動を促すもの、たとえば、通販番組であればフリーダイヤルの番号、チラシであればそのお店の場所や電話番号、アマゾンの商品ページであればショッピングカートを提示します。

これらのような、顧客の「行動」を促す仕掛けを、マーケティング用語で「CTA（Call to Action）」と言います。

商品と値段のすぐ近くにCTAを置くのがポイントです。CTAはスーパーやコンビニのレジと同じです。商品の近くに置くことで、買いやすくなるので、顧客のレスポンスが大きく違ってきます。

コーヒーが美味しいカフェ、さて店名は言えますか

ここまで、広告やPRを考えるうえでの、「表現」について説明しました。けれども、自社の「表現」は、広告に限ったものではありません。たとえば、**会社名や店名、商品名も表現のひとつです。**名前を考えるときも、やはり顧客目線に立つ必要があります。

カフェの名前で考えてみましょう。

私は、名古屋にある「カフェタナカ」というお店が大好きでよく足を運びますが、このお店は、読んで字のごとく「田中さんがやっているカフェ」です。田中さんというパティシエが、すごく素敵なスイーツをつくって提供しているお店です。ですから、非常に覚えやすい。

一方で、私が「ルカフェドゥリオウメグル」という名前のカフェを出店したとします。ネルドリップ方式で淹れた本格的なコーヒーを提供して、「フランスの都会のカフェ」というのをコンセプトとしています。店主の思い入れやこだわりを込めて、カフェタナカより、さらに同じ方向性でフランスっぽくしたいと名づけました。

しかし、日本人にとって、この店名は非常に覚えにくい。どんなにこだわりを持っていたとしても、顧客に伝わらなければ、自己満足にすぎません。

これが、実際にある「ル カフェ ドゥ ジョエル・ロブション」のように、「ジョエル・ロブション」という名前そのものがブランド化されている、あるいは、そのお店が提供する価値が際立って高い、といった前提条件が満たされていれば、あまり障害にならないのでしょうが、ここまでもっていくのは、とてもハードルが高いことと言えます。

お店にとって、店名を顧客に認知してもらうことは非常に重要です。先にも書いたとおり、たんに「認知」されるだけでなく、「想起」してもらうのが一番です。「名古屋で美味しいカフェと言えば？」「カフェタナカです」、これが想起です。しかも、このとき、心の中で一番に思い浮かぶもの、これを「トップ・オブ・マインド・マーケットシェア（純粋想起）」と言います。最終的にお店は、ここを目指したいわけです。

ですから、やはり顧客目線に立って、顧客がわかりやすい、覚えやすい、思い出しやすい名前をつけたほうがいいはずです。

ＳＮＳに乗りにくい名前はヒットしない

もちろん、わざと長い名前、覚えにくい名前をつけることによって、差別化をはかることも考えられます。

少し前に大ベストセラーになった書籍、『もし高校野球の女子マネージャーがドラッカーの『マネジメント』を読んだら』（ダイヤモンド社）なども、そうした面でたいへんユニークな事例です。

それでも同書は、「もしドラ」という略称がなければ、あれほどの大ベストセラーになったとは考えにくいでしょう。実際、同書を買った人に、「もしドラのタイトルって何でしたっけ？」と聞いてみたら、かなりの人は正確に答えられないでしょう。

略称である「もしドラ」という言葉が、メディアで紹介されたり、人々の会話で使われたりしたからこそ、商品も広く売れたのだと思います。長くてユニークなタイトルと覚えやすい略称。マーケティング的にもたいへん理にかなった戦略です。

最近は、ツイッターやフェイスブックなどのソーシャルメディア、食べログなどのクチコミサイト、先ほど説明したアーンドメディアの影響力が大きくなってきました。

たとえば、あなたが「ルカフェドゥリオウメグル」に行って、とても素敵なお店だったので、後日フェイスブックにアップしたいと思ったとします。

そのときに、まず名前がはっきり

覚えにくい
店名、商品名に
陶酔しない
CAFE
SIMPLE

と思い出せないと困ります。おぼろげに思い出せたとしても、店名を記す際に、「ドウ」なのか、それとも「ドウ」か、さらに「リオウ」なのか、「リオ」かと迷わせるだけで、ストレスを与えてしまいます。

つまり、顧客がその名を口に出したり、書いたりする際にストレスを感じるということは、お店の名前そのものが広がりにくくなり、お店にとって大きな機会損失になります。

これからは、**ソーシャルメディアで顧客に自社の良さを拡散してもらうマーケティングが必須**です。ですから、そういう意味でも、顧客にとって、わかりやすくて、表記しやすい社名、店名、商品名などをつけることも大切です。

ユニークな商品に、ポイントカードはいらない

さて、ここまで顧客に「どうやって」買ってもらうのかを考えるときに、「表現」や「媒体」という側面からどうすべきかを考えてきました。

しかし、「どうやって」の戦略は、当然これだけではありません。さらに考えな

ければならないことがあります。それは、セールスプロモーション、販売促進（販促）です。この点についても、顧客目線をはずしてはいけません。

販促には、試用品やおまけの提供など最終ユーザー向けの各種キャンペーンをはじめ、流通チャネルへの報奨など、さまざまな手法があります。

そして、この販促手法のひとつに、ポイントカードがあります。最近は多くの企業や店が採用しているので、誰の財布の中にも何枚か入っています。

このポイントカード、導入すれば、顧客が繰り返し店を利用してくれるかといったら、実際はそんなことはありません。

自分のこととして考えてみてください。

たとえば、イタリアンのお店のポイントカードを持っていたとして、「ポイントカードがあるから、今日はこのお店に行こう」と思うでしょうか。私はほとんどありません。

同じような雰囲気、料理の質、価格帯のイタリアンの店が2軒あったとして、どちらかを選ぶのであれば、ポイントが貯まるほうを選ぶかもしれません。けれども、多くの顧客にとって、ポイントカードそれ自体が店選びの決め手となることはないでしょう。

ポイントカードは、集客のため、さらに言えばリピーター獲得のための顧客サービスです。導入しても集客力が上がらないのであれば、意味がありません。

実際に、あなたがよく利用するポイントカード、あるいはポイント制度を思い起こせば、大体は大手家電量販店のもの、さらにはネット通販の制度などではないでしょうか。

これらの会社は、基本的には、「同じ商品」を販売することによって競争を繰り広げています。提供している商品が同じ場合、差別化をするには、「価格」が大きな競争のカギになることは、第1章で説明したとおりです。

ポイント制度というのは、実質的には値引きを意味します。その値引きをポイント化することによって、価格競争をすると同時に、次も自分たちの店、サイトで商品を買ってもらうように誘導しているわけです。

ですから、提供している商品、サービスがユニークな価値を提供できれば、ポイントカードを発行して「値引き」するよりも、もっと効果的なリピート客の獲得方法が考えられるはずです。

もし、今、ポイントカードを検討しているのならば、安易に導入したりせず、まずは顧客中心の立場に立って、何ができるかを考えてみるべきでしょう。

家電製品を売らない量販店は、何を売る？

家電量販店は価格競争を繰り広げると書きましたが、ユニークな戦略で成功している会社にエディオンがあります。

家電量販店は、ポイント制度を導入すると同時に、「なるべく安く買いたい」と考える顧客を逃がさないよう、「他店より1円でも高い商品はお知らせください。価格をご相談します」などの張り紙が貼られ、常に競合との激しい値引き合戦が行われているわけです。

さらに、「もっと安く買いたい」という人の場合は、家電量販店で商品を実際にチェックしてみて、欲しいと思ったら、その店ではなく、インターネットのオンラインショップで買ったりします。価格比較サイトを見て、最安値の店、場合によっては通販などで買い求めることになります。

これが、いわゆる「**ショールーミング**」と言われるもので、小売業全般にとって、大きな問題となっています。

ところが、エディオン広島本店は、競争の必要上、ポイント制度は導入しているのですが、それ以外にも、さまざまな仕掛けで顧客を惹きつけ、そのまま商品の購入につなげることに成功しています。

「小さな陸橋から眺められるおもちゃの街」をおもちゃ売り場に設置することで、家族連れを中心とした顧客を集めました。

また、デジカメ教室やタブレット教室、調理教室といったカルチャー教室を設けて、さまざまなイベントやプログラムを開催。購入を検討している顧客から、購入後に商品の活用方法を知りたい顧客までをきっちりフォローし、取り込んでいるとのことです。

商品の操作性や使い勝手を思う存分体験できる売り場、顧客を楽しませる体験型の店づくりをすることで、家電製品そのものを売るのではなく、製品を使ったときの楽しさやワクワク感、さらには購入後のサポートといった「価値」を売っているので、値引き合戦や価格競争に巻き込まれずにすむわけです。

インテリアのショールームで……アロマセラピー？

私のマーケティング寺子屋の塾生で、オーダーキッチンを中心とした住まいの設計・デザインを行う会社の女性社長がいます。

彼女自身がインテリアコーディネーターとして、住宅から店舗まで、新築・リフォームを問わずに手がけており、愛知県内にあるオフィス兼インテリアのショールーム「パドゥドゥウ」は、明るく女性らしい雰囲気の空間になっています。

少し前に、彼女がショールームにカフェを併設しました。そこに料理研究家や料理教室の先生などに来てもらって、本格的なランチを提供しています。

このショールームに来た顧客は、素敵なキッチンで料理をつくる様子が見られるうえに、美味しい料理を食べることで、自分が実際に使うシーンをイメージできます。

さらに、このカフェでは各方面のプロを招いて、さまざまなイベントを行っています。

料理教室はもちろん、整理収納セミナーやおしゃれレッスン、アロマセラピーなど、住まいや暮らしにかかわることを幅広く取り上げて、多くの女性顧客を集めています。

参加した女性たちは、ここを訪れると、「私が本当につくってもらいたい空間とは、こういうものなんだな」と夢が広がります。

キッチンという空間は、女性にとって暮らしの中心となるものです。このキッチンから生まれる美味しい食事で家族を幸せにしたい、友人を呼んでおしゃれなホームパーティーを開きたい、そんな願いがかなえられる空間を、このショールームは、カフェを併設したことにより、顧客に提示しています。

このようなきめ細かい工夫と顧客視点が、売り上げを大きく伸ばすことに寄与したそうです。

高額商品は、「体験」してもらう

これらエディオンやパドゥドゥウで行っているような販促方法は、顧客に商品の価値を経験してもらうことから、「経験価値（エクスペリエンシャル）マーケティング」と言います。第1章で説明したＩＫＥＡの売り方も、これにあたるでしょう。

この顧客の価値体験を重視する手法は、昔からあったものですが、コロンビア大学ビジネススクールの教授、バーンド・Ｈ・シュミットが「経験価値」を概念化して21世紀に入って、大きなブームとなりました。『経験価値マーケティング』（ダイヤモンド社）という書籍も出版しています。

従来のマーケティング活動では、商品やサービスの「機能」の違いを生み出し、それをアピールすることに重点が置かれてきました。そこで重視されるのは、商品の機能を宣伝などで広めるマス・マーケティング的手法です。

けれども、商品やサービスがあふれている時代、売れない時代には、商品の「機能」ではなく、商品を使って感じる心地よさや満足感といった「価値」を提供すべきという考えに立った手法が、この経験価値マーケティングで、「**高関与商品**」で行われることが多いです。

高関与商品とは、家具や家電、自動車や生命保険など、比較的高額で、顧客にとって購買の意思決定までにさまざまなことを時間をかけて考える商品のことです。

試し買いもしにくく、また、間違ったものを買ったときの損害が大きい。購入の際、顧客は情報収集や候補商品の比較をするなどして、慎重に検討するわけです。

そのため、売る側は、たとえば顧客の来店を促し、体験してもらうことで、商品の魅力、機能面からだけでは推測できない「価値」を実感してもらい、購入検討へと導きます。そうすることで、ブランドや企業と顧客との個別の距離を縮めることも可能になります。

一方、**低関与商品**とは、食品や日用品などの比較的価格の安い商品を指します。じっくり検討して購入するというよりは、「広告で見た」とか「なんとなく」といった感覚で買われることが多いものです。

そのため、高関与商品と低関与商品とでは、売るためにとるべきアプローチを変える必要があるわけです。

とはいえ、低関与商品に経験価値マーケティングが効かないわけではありません。たとえば、街の酒屋であれば、定期的にワインの試飲会を行う。ケーキ屋であれば、季節ごとにケーキの試食会を開催する、というのは効果が高そうです。

その際に、お洒落なホームパーティーや誕生日のお祝いなど、ワインを飲むさまざまなシチュエーションを提案したり、またケーキを食べることによって、四季の移ろいを感じられるなど、機能的価値とは別の価値を提案することによって、高い効果が得られそうです。

集客クーポンと、雨の日クーポンの決定的な違い

先ほど、ポイントカードを安易に導入しても意味がないと書きましたが、これと同様に、やってしまいがちな失敗にクーポンがあります。

私は、基本的に**新規顧客を集めるために配布する割引クーポンはNG**だと思っています。なぜかというと、新規集客のために割引クーポンを出してしまうと、価格に対してのみ敏感な顧客を集めてしまう恐れがあるからです。

「サービスなんてどこでも同じ。だから1円でも安いほうがいい」という顧客ばかりを集めてしまうと、企業として、また商店としても付加価値の高い商品やサービスを提供しにくくなります。それは避けるべきです。

しかし、すべてのクーポンがダメかというと、そういうわけではありません。

私の家の近所に美味しいパスタ店がありました。けっこう気に入っていたお店ですが、雨の日に一度、妻と一緒に食べに行きました。

食べ終わって会計をすませたときに、店員が「今日は雨の中、ありがとうございました」と言って、「雨の日割引券」というクーポンをくれました。次回の来店時に10パーセントオフになるというクーポンです。私はこれならいいと思うのです。

新規集客のクーポンと雨の日クーポン、何が違うかおわかりになるでしょうか。

違うのは、**「雨の日割引券」は1回以上来た顧客にサービスとして渡している、**という点です。一度来店してくれた顧客に、2回、3回と来てもらう。リピーターになってもらう。それが大事なのです。

新規の顧客を集めたいという気持ちが強いと、つい割引クーポンを出したくなりますが、クーポンは1回以上来てくれた顧客に限る。そう決めておいたほうがいいのではないかと思います。

この雨の日クーポンの考え方は、第2章で説明した「おもてなし戦略」（87ページ）と通じるところもあるので、マーケティング戦略としても合理的だと思います。

「いらっしゃいませ」はNG、「こんにちは」はOK

顧客中心になるということは、「おもてなしの心」につながる考え方です。ただし、「おもてなし」というと、つい売る側が顧客に対して、アクティブにサービスなどを提供する、あるいは積極的に関与するというイメージありますが、そうとばかりも言えません。

私がとても尊敬している経営者に、森令子先生という方がいます。森先生は、イタリアのラグジュアリーブランドに勤めていた経験があり、同社の店長だった頃に、イタリア本店を上回る売り上げを達成したとして、伝説になっている方です。

その森先生のお弟子さんから聞いた話なのですが、森先生から教わった**もっとも大事な接客法は、「売るな」と「見るな」**だったそうです。

ラグジュアリーブランドですから、靴一足が10万円、バッグなら数十万円といった価格帯もざらです。

そういう高級品を買いに来た顧客に商品を売り込もうとしたり、じろじろ見たりすることは絶対にＮＧだというのです。たとえ、顧客が試着をしているときでも、売り込むことはおろか、直接見ることも控える。直接見ないで、鏡を通して見るようにする。そういう接客接遇をするのだそうです。

さらに言うと、顧客がお店に入って来たときに、「いらっしゃいませ」という声はかけない。なぜなら、この言葉がすでに「売ってしまっている」ことになるからです。ですからこれを「こんにちは」にする。「こんにちは」は挨拶ですから、売っていることにはならないわけです。

ただし、森先生は、「いらっしゃいませはダメ。こんにちはと言いなさい」と具体的に教えるわけではありません。顧客の心を読んで、相手が緊張しないようにするにはどうしたらいいのかを考えなさい、と言うだけです。

しばしば、顧客を相手に仕事をする場合、マニュアル的な対応をすることがありますが、人間は1人ひとり、性格、置かれている状況、そのときの気分がまったく違います。このように個性が違う顧客に対応するのには、きちんと相手に向き合って、良好な関係を構築することが必要になります。

それが、おもてなしの心を発揮するということだからです。

売り上げは、常連さんがつくっている

マーケティングとは、「自然に売れる仕組みをつくる」ことです。そのためには、いかに顧客と良好な関係を持続的に保っていくか、ということが重要になってきます。

自社の商品やサービスを一度でも買ってくれた顧客に、長期にわたって安定したリピーターになってもらう。そのような顧客との良好な関係性を重視したマーケティングを「リレーションシップ（関係性）・マーケティング」と言います。

この理論の背景には、一部の優良な顧客が、売り上げの大半を占めるという考え方があります。これは、経済学などで用いられる、「パレートの法則」の理論とも近いもので、大きな数字は、一部の小さな要因によって決定されるというものです。

ビジネスの経験則でもよく言われる話に似ています。「会社に10人の社員がいたら、2人は優秀、6人は普通、残りの2人はダメな人。そして会社の収益の8割は、2人の優秀な社員がつくっている」。思い当たるふしがあるでしょう。

マーケティングの世界でも、同じような考え方があります。つまり、1人ひとりの顧客を大切にすることによって、良好な関係性を構築し、何度も利用してもらう。そうして、顧客ロイヤルティ、ブランド・ロイヤルティを高めることによって収益を上げる、というものです。

ロイヤルティとは、日本語に直訳すると「忠誠」という意味になりますが、この場合では、顧客が企業やブランド、さらに商品などに対して、愛着心や信頼の念を抱くことと覚えていただければいいでしょう。

顧客に愛着心を持ってもらうには、売り手側も顧客を大切にすることが必要になります。そして、それを顧客が「実感」できるような仕組みをつくらなければいけません。

ここでは、3つの種類のリレーションシップ・マーケティングの例をご紹介しましょう。

ナイキも、小さな酒蔵も大衆カスタマイズ戦略！

ナイキという世界的なスポーツブランドは誰もが知っています。スポーツ界のトップアスリートたちが愛用していることもあり、彼らに憧《あこが》れる世界中の若者から絶大な支持を受けています。特に人気があるのがスニーカーです。男女問わず、ファッションアイテムとしても人気を集めています。

そのナイキのスニーカー、同社ウェブサイトに行くと、自分好みにカスタマイズしたものをオーダーすることができます。全体の色はもちろん、ソール、ナイキのロゴであるスウォッシュ部分の色、柄、素材など、多くのバリエーションから選べるようになっているのです。

このサイトを訪れると、世界にひとつしかない自分だけのスニーカーを注文できるわけです。

これは、いわゆるスーツのパターンオーダーと同じです。あらかじめ用意されている選択肢から顧客に好きなものを選んでもらって、提供しようというものです。

このように、1人ひとりの顧客の個別の要望に応えて、受注生産を大量生産のコンセプトを取り入れて低コストで実現する。そのような手法を「**マス・カスタマイゼーション（大衆カスタマイズ戦略）**」と言います。

これは、大企業だからできるというわけではありません。中小企業でも十分に可能です。

たとえば、これまでも例に出している千古乃岩酒造。この会社のマーケティング担当の方は、私が新刊本を出すと、その本の表紙をラベルにしたお酒を1本つくってプレゼントしてくれます。これも考え方としては、マス・カスタマイゼーションと同じです。

スニーカーにしろ、日本酒にしろ、自分だけのオリジナルのものを、「こんなのつくったよ」と言ってフェイスブックやツイッターなどのソーシャルメディアにアップすれば、それが自然に拡散していきます。

そういう意味でも、このマス・カスタマイゼーションは、顧客との関係性を強化するには非常にいい手法です。

オペレーターが何でもできる通販会社

大衆カスタマイズ戦略に続き、次にお話しするのは、少量生産型のマーケティングと言えます。顧客1人ひとりの購買履歴やニーズに合わせ、応対する内容を変えて個別に働きかけるというマーケティングです。

これをワンツーワンマーケティングと言います。

このワンツーワンマーケティングの取り組みで有名なのが、ザ・リッツ・カールトンです。訓練されたスタッフによる徹底した顧客サービスで「感動を呼ぶホテル」と言われています。

ホテルのスタッフは全員、「クレド・カード」と呼ばれるカードを携帯しています。クレドとは、ラテン語で「信条」「約束」を意味する言葉で、「企業理念」や「行動指針」と訳されるものです。

つまり、このカードにはスタッフの使命が記されており、それを常に携帯することで、クレドを意識した行動がとれるようになるわけです。

ザ・リッツ・カールトンが提供するのは、ノーと言わないサービスです。無理な注文にも「ノー」とは言わずに、代案を提示する。そんな顧客1人ひとりの立場に立ったサービスが感動を生み、それがソーシャルメディアなどのクチコミによって拡散し、さらなるファンを増やす。そういう好循環のサイクルを起こしています。

ワンツーワンマーケティングを実践する会社として、もうひとつ、アメリカのザッポスという靴を中心としたオンラインショップが有名です。

通常、通販のコールセンターには徹底したマニュアルがあり、顧客への対応の仕方が決められています。効率化を図るために、「1人のお客様は3分以内に処理してください」というような指示を出す会社もあるそうです。

けれども、ザッポスは、顧客対応のすべてをオペレーターの判断に任せています。顧客満足のためなら何時間応対しても構わないというスタンスなのだそうです。ですから、顧客1人ひとりに合わせたサービスが提供できるわけです。

こんな有名な逸話《いつわ》があるそうです。ある顧客が、病床の母親へのプレゼントのためにザッポスで靴を買ったのですが、母親は亡くなってしまった。そして、顧客のもとにザッポスから靴の様子を尋ねるメールが届き、「返品したい」とオペレーターに申し出ると、規約にない宅配の集荷便を手配してくれたうえに、オペレーターの判断でメッセージカードを添えたお悔やみの花を届けたのだそうです。

感激したその顧客がこの話をブログに書き、ネットに拡散して、世界中の人が知ることとなりました。

お互いの顔が見えないオンラインショッピングでも、このようなサービスが実際にできるわけです。顧客1人ひとりのことを考えて、最適のサービスを提供する。

これからの時代、ワンツーワンマーケティングで顧客関係性を築いていくことが非常に大事になっていきます。

そのメルマガ、誰も頼んでないんですが……

顧客と1対1の関係性が重要だと書きましたが、誤解してはいけないのは、**こちらのアプローチが相手にとって絶対に不快であってはならない**、ということです。

ＩＴ化が進んで世の中たいへん便利になりましたが、その便利さを逆手にとってしまう方がたまにいらっしゃいます。

私はセミナーや講演などで年間3000枚くらいの名刺を交換します。それが少々、困った事態を招くのです。

最近でこそ少なくなりましたが、以前は、名刺交換をした方からメールマガジンが送られてくる、ということがよくありました。

それがたとえ有益なものでも、やはり最初に届いたときは、「えっ、これ何?」と戸惑いました。事前に許可をとったうえで送ってくださるのであればいいのですが、このやり方では、仮に役立つ情報を提供していたとしても、好感度を下げる可能性があります。

こちらは、売りたい、知られたいという意識、よかれという気持ちで行っている行動が、かえって反感とともに「想起」されると、大いなる逆効果となってしまいます。これを避けるためには、きちんと「許可」を得ることです。

アマゾンで一度買い物をすると、おすすめの商品を紹介するメールが届くようになります。これは、初め

て買い物をしたときに、「今後、ダイレクトメールを送ってもいいですか」という許可を求められ、承諾した人にだけ送ってきているわけです。

このように、事前に許可（パーミッション）を得た顧客に対してのみ、ダイレクトメールなどのマーケティング活動を行うことを「パーミッション・マーケティング」と言います。

これは、マーケティングに関する著作が多い、アメリカのセス・ゴーディンによって提唱された考え方で、『パーミッション・マーケティング』（海と月社）という本も出版されています。

一方的に発信する広告メールは、受け手側にマイナスのイメージを抱かせるので、裏目に出る場合があります。けれども、あらかじめ許可をとっている場合は、強引さが感じられないため、受け手側に好感を持たれ、企業とのコミュニケーション率が高まります。

パーミッション・マーケティングでもっとも一般的なのが、自分の興味のある分野を事前に登録し、それに関連する情報を受け取ることを許可したうえで配信される「オプトインメール」というダイレクトメールです。これは、顧客のニーズに合った情報を個別に提供するという意味で、ワンツーワンマーケティングの進化形と言えるでしょう。

私もよくお話しするのですが、ITがどんどん便利になってきて、「ITリテラシー」が重要だと言われるようになりましたが、それと同じくらい、相手のことを考える「ITデリカシー」が大事になってくると思います。

ITの時代に、顧客と良好な関係性をつくっていくには、こういう配慮が欠かせないものとなるはずです。

ニュースレターで、宣伝をしない

3つのリレーションシップ・マーケティングについてお話ししましたが、顧客と良好な関係を保つ方法は、工夫次第でいくらでも生み出せます。

一度顧客になってくれた人と関係性を上手に維持している会社があります。先ほどカフェを併設したインテリアショールームの事例としてご紹介した、住まいの設計・デザインを行うパドゥドゥウです。

家は、ほとんどの人にとって一生に一度の買い物ですから、食料品のように、「今日買ってくれたお客様に明日も買ってもらおう」というわけにはいきません。リピーターになってもらうことが難しいわけです。ではどうするのか。顧客から別の顧客を紹介してもらうのです。

その場合にやってしまいがちな間違いが、「紹介していただけたら5000円差し上げます」というサービスです。それ自体は別に悪いことではありませんが、こんなサービスをしなくても、「本当にいいものを提供した」ということがしっかりと伝わっていれば、顧客はクチコミしてくれるはずです。

同社では、年に数回ニュースレターをつくって、過去のＶＩＰ顧客に届けています。中身は、最新の施工事例と顧客の声だけ。売り込みは一切なしです。一度施工してパドゥドゥウの良さを既に知っているからです。

ではなぜニュースレターを送るのか。その理由は2つあります。ひとつは、**その顧客に自分たちのことを思い出してもらう**ためです。最新の情報を提供することで、「この会社は他にもこんな素敵な家を建てているのか」と思ってもらうわけです。

もうひとつは、**会社名を覚えていてもらう**ためです。たとえば、その顧客の友人が家に遊びに来て、「あなたのキッチン素敵ね。どこで頼んだの？」と聞かれたときに、「パドゥドゥウだよ」と答えてもらうためです。そして、「このニュースレター見る？」と友達に見せてもらえたら成功です。ですから、ニュースレターの最終面に社名や電話番号、住所は記載してありますが、「お客様をご紹介ください」という文言は一切ありません。

このニュースレターは、過去の顧客全員に送っているわけではありません。今までの顧客リストを精査して絞った顧客や希望者に送っています。全員に送っていては効率が悪くなるからです。

なるべく直近に利用してくれ、かつ同社と相性がよいと感じられた顧客、そういった人に絞っているのです。まさにＲＦＭ分析、ビッグデータ分析を行ってねらいを定めているプロモーションです。

カギは、インパクトと利用回数

同じように、ニュースレターを出しているケーキ店があります。愛知県にある「シトロンヴェール」という店です。

このお店は、毎月、月替わりでロールケーキを販売しています。季節に合わせたフルーツや食材を使って、7月は桃と紅茶のロールケーキ、8月はたっぷりいちじくのロールケーキといった具合に、見た目にも美味しいケーキが人気を集めています。

このお店のニュースレター、表面は各月のロールケーキ、裏面はカレンダーになっていて、そこに栄養士さんがつくった一口健康メモなどが載っています。これは手書きで親しみやすいものです。

このニュースレターは、カレンダーにもなっているので、冷蔵庫などに貼っておいてもらえるようになっています。

そうすると、顧客は無意識のうちにしばしば目にするようになるので、たとえば、「今月は娘の誕生日だから、このお店にケーキを買いに行こう」という購買行動につながることが期待できます。

一度買ってくれた顧客がリピートしてくれない最大の理由は、思い出してもらえないからです。つまり、この章の冒頭で説明したように想起されないからなのです。

知ってもらうだけでは十分ではなく、覚えていてもらう。何度も利用してもらう、しょっちゅう目にする、そして、その店や企業、商品に接したときに「好印象」を持ってもらうことで初めて思い出してもらえるのです。

つまり、

インパクト×回数＝想起

となります。これがポイントです。

顧客の心理、行動の先を読んだ仕掛け、プロモーションの仕組みが構築できると、自然に売れていくようになります。

本章で説明してきた「どうやって」について、広告・ＰＲにしろ、プロモーションにしろ、成功している事例は、「売りたい、もうけたい」という売り手目線から離れて、「どうすれば、顧客に喜んでもらえるだろう」「どうすれば、顧客に価値を提供できるだろう」という意識を強く持って、徹底的に考えているケースばかりです。

これは、決して、きれいごとではありません。顧客中心の思想を見失ったビジネスは、短期的には売り上げや利益を高めることはあっても、中長期的に成果を継続することが難しいのは、多くの企業不祥事、あるいは不振企業の事例などを見れば、明らかです。

そういう意味でも、「どうやって」を考えるときには、やはり顧客目線、いや、「**お客様目線**」になることが重要なのです。

その商品、本当に欲しいですか

第 4 章

顧客目線になる

市場にいるプレイヤーは、たった3人だけ

さて、「何を、誰に、どうやって」のステップをご理解いただいたうえで、ここからは実際に作戦を立案する際に、どんなことに注意しなければいけないのか、いろいろな思考ツール、プロセスをご紹介しましょう。

ビジネスは、対戦スポーツに似た面があります。プロ野球チーム、またそこに所属する選手たちは、競技力を向上させようとして、過酷なトレーニングに励みますが、それだけでは十分ではありません。

対戦相手、さらには自分たちの長所と弱点をしっかり把握したうえで、どのような対策をとるのか、そこまで考えられなければ処理することができないわけです。

これは、ビジネスの世界も同じです。

これまで、「何を、誰に、どうやって」売るのか、その考え方、実践方法について考えてきました。しかし、これを身につけただけでは、売れるようにはなりません。マーケティング戦略を立てる以前に、大前提として、やっておかなければなら

ないことがあるのです。それはいったい何でしょうか。

自分たちを取り巻く環境、現状を客観的に分析し、把握する。

この大前提をクリアしておけば、ライバルとの競争に勝てたり、あるいは不要な競争を避けられたりと、自分たちの独自の価値を一番届けたいターゲットに、きちんと提供しやすくなります。要するに、「売る」ことを成功に導けるわけです。

私たちがビジネスを展開する「市場」には、3人のプレイヤーがいるとされています。

- **顧客（Customer）**
- **競合（Competitor）**
- **自社（Company）**

これらのプレイヤーをそれぞれ分析することで、課題を洗い出し、成功要因を導き出す。このプロセスを、3つのプレイヤーの頭文字を取って「3C分析」と言います。

まず、顧客はどうなのか。商売にとって、お客様は神様。最後にお金を出してくれる人が存在しなければ、そもそも市場自体が成立しません。

自分たちが売りたい商品は、どのような人が買っているのか、そのニーズは何かを考えていくわけです。その際、顕在化したニーズだけでなく、潜在的なニーズまで掘り下げます。これは第1章でも説明したことです。

そして競合、つまり競争相手、ライバルについてです。

競合と同じもので、かつあらゆる面で劣った商品を世に出したら、当然、顧客に選んでもらえません。だから、何かが違う、どこかが優れている商品を投入するためにも、競合と自社とを顧客目線で比べて、自社が優位に立っている点、劣っている点をリストアップして、しっかりと認識する必要があります。

さらに自社についてです。自社のブランド、資産は何かなどを考えていきます。自社の持つ独自の強み、USPは何か。いかに自社独自の価値を顧客に提供できるか。それらをしっかり考えて戦略を組み立てていくわけです。

負けないためには、どこで戦うかを考える

3人のプレイヤーについては理解いただけたとして、この3人を織り込んで、どんな作戦を考えればいいかアイデアが浮かばないという人もいると思います。

では、ここでマーケティング活動をするための代表的な手法を説明しましょう。フィリップ・コトラーが提唱しているSTPというものです。これは3つのステップを踏むことになります。

❶ **市場を顧客のニーズによって細分化する（Segmentation）**

❷ **細分化した市場のうち、競合（ライバル）より優位な自社の強みを活かせるターゲットを明確にする（Targeting）**

❸ **顧客に価値を提供できるポジションに自社を置く（Positioning）**

この3つのステップの頭文字からSTPと呼ばれます。このプロセス、抽象的で

何がなにやらと思われるといけないので、超シンプルに説明します。

たとえば、これを先に説明した千古乃岩酒造がギフト市場に進出したケースで考えてみましょう。

贈り物をすることによって、相手から喜ばれたい顧客がいます。その顧客の年代や性別に加えて、どんなふうに喜ばれたいのか、そこをじっくり探って細かく分類します。

すると、その中に、「センスがいいものを贈ってくれた」と思われたい顧客がいました。その顧客のプレゼントをする相手に日本酒ファンが、けっこういそうです。

ここに照準を定めます。

ある程度の市場規模があり、収益を上げられると判断できたら、そこで、ギフトとして、棚田でつくった米で醸《かも》したという希少性をセールスポイントに勝負することに決めました。

いかがでしょう。このプロセスを覚えやすいように整理すると、

分けてみて、大事なところを探し、

そこで自分たちの立ち位置を決めて、顧客の価値を高める

このようになります。「S、T、Pの順番通りに考えられるほど、市場は理路整然とはしていない」とか、「顧客ニーズが複雑に絡み合っているのだから、それほど簡単には市場を細分化できないだろう」などと思われるでしょうが、シンプルな考え方でなければ、実際のビジネスにはなかなか使えません。

それに、この手法をきっかけに、さらに深く考えていくと、「顧客とは何か」「競合、ライバルとは何か」という3C分析にまた違った視点が得られるようになるのです。

日本酒の競合は日本酒でなく、そして書籍の競合は？

行ったり来たりで、たいへん恐縮ですが、また3C分析の話に戻ります。

私たちは、「顧客」という言葉を聞くと、**「自分たちが提供する商品やサービスに**

お金を出してくれる人、あるいは出してくれるかもしれない人」を思い浮かべます。
これは、ほぼ間違いないでしょう。

一方で、「競合」と耳にすると、「**同業他社**」、あるいは「**同種の商品**」を連想しがちです。これも、もちろん間違いではありませんが、正解というわけでもありません。そして、ここに3C分析で陥りがちなわなが仕掛けられています。

本書の初めから、何度も説明してきたので、やかましい、クドいと思われるかもしれませんが、顧客が商品やサービスにお金を出す際に期待するのは、機能ではなく価値です。この点から考えれば、市場における競合は、必ずしも同業他社、同種の商品だけではないことが理解できるのです。

ギフト市場で、「センスがいいものを贈ってくれた」と思われることに価値を見いだす顧客をターゲットとして勝負をしようとする場合、それこそ競合はギフト商品を提供するあらゆる売り手が競争相手となります。他の酒造メーカーがつくる日本酒だけが競合ではありません。

同じように、いま皆さんが読んでくださっている本書について考えてみましょう。

本書は、これまでマーケティングを学んでいないけれども、そのエッセンスを仕事に活かしてみたい、なんとなくマーケティングは難しそうだけれど、どんなものか少し興味がある、という方を対象に書いています。

だから、読む人が読めば、「それ、ウソじゃないか」「あまりに乱暴すぎる」と思うようなところにも、あえて目をつぶって説明しているわけです。同じくマーケティングをテーマとしている「本」であっても、研究者やプロ向けの専門書とはターゲットが違います。

ですから、顧客目線で考えれば、もちろん平易な解説書は本書の競合となりえますが、それだけでなく、初心者向けの入門セミナー、わかりやすい解説を展開するブログなど、マーケティングのさわりをちょっと知りたいというニーズを満たすすべてがライバルになるのです。

このように、3Cを分析するにも、徹底した顧客目線で彼らが求める価値を踏まえて、**本当の競合は誰か、自分は何を提供できるのか**を追究しなければなりません。

ここをしっかり詰めないと、顧客でない顧客をターゲットにしてしまう、競合でない競合と戦ってしまう、自分たちの本当の「強み」を見失ってしまう、ということが起きてしまいます。

スマホのゲームが嬉しい人、怖い人

強みの話が出たところで、もうひとつ、マーケティングの有名な分析手法をご紹介しましょう。

企業や商品を分析する際によく用いられる手法に「ＳＷＯＴ分析」があります。こちらも、いろいろなところで紹介されているので、耳にしたことがある方もいらっしゃるでしょう。ここでいうＳＷＯＴとは、次の４つの単語の頭文字からなります。

- **強み（Strength）**
- **弱み（Weakness）**
- **機会（Opportunity）**
- **脅威（Threat）**

強みと弱みは、文字通り自社の強み、弱みのことで、企業規模やブランドイメージ、商品力など、自社の内部環境によるものです。したがって、自社の努力で強化、改善していくことができます。

一方、機会と脅威は、経済、政治、法規制など、自分たちではどうにもできない、自社を取り巻く外部環境によるものです。こちら、もう少し突っ込んで説明してみましょう。たとえば、ひとつの会社ではどうすることもできない外国為替を例にとってみます。

たとえば円高になると、輸入品が円安時に比べて低いコストで買うことができます。ですから、海外からの輸入雑貨を扱うセレクトショップ、また輸入食材を原材料に使う外食産業などにとっては、円が高くなることによって、仕入れコストが下がり収益を上げるチャンスが広がります。

つまり、これらの企業にとっては、円高は「機会」になります。

一方で、円高になると自動車製造業などの輸出産業は、海外で自分たちに有利な価格設定をすることが難しくなります。すると、グローバルな競争力が低下する傾向になります。当然、円高はこれら企業にとって「脅威」となるのです。

他にも機会と脅威には、「スマホでゲームをする人が増えている」が、ソーシャルゲームにとっては機会となり、ゲームセンター（アーケード）にとっての脅威になるなど、いろいろな外部環境が、それぞれの会社にとって考えられるでしょう。

こうして見ると、機会とは、市場を拡大させる要因、または拡大する市場そのもの。また、脅威とは、市場を縮小させる要因、または縮小する市場そのものと考えられます。この中で、自社はどういう強み、弱みがあるのでしょうか。

スタッフが2人だけなら、かえってラッキー

強み、弱み、機会、脅威……。この4つのポイントを2×2のマトリックスにして、それぞれの戦略を練る「クロスSWOT」という考え方をご紹介しましょう。

この分析手法では、縦軸に「強み」と「弱み」、横軸に「機会」と「脅威」と置きます。次ページの図を参照してください。

これを見ると、左の上は、自社の強みがあってなおかつ機会もある、ということになります。自社の強みを活かして、機会を最大限に利用するにはどうしたらいい

どんなアクションがいいのだろう

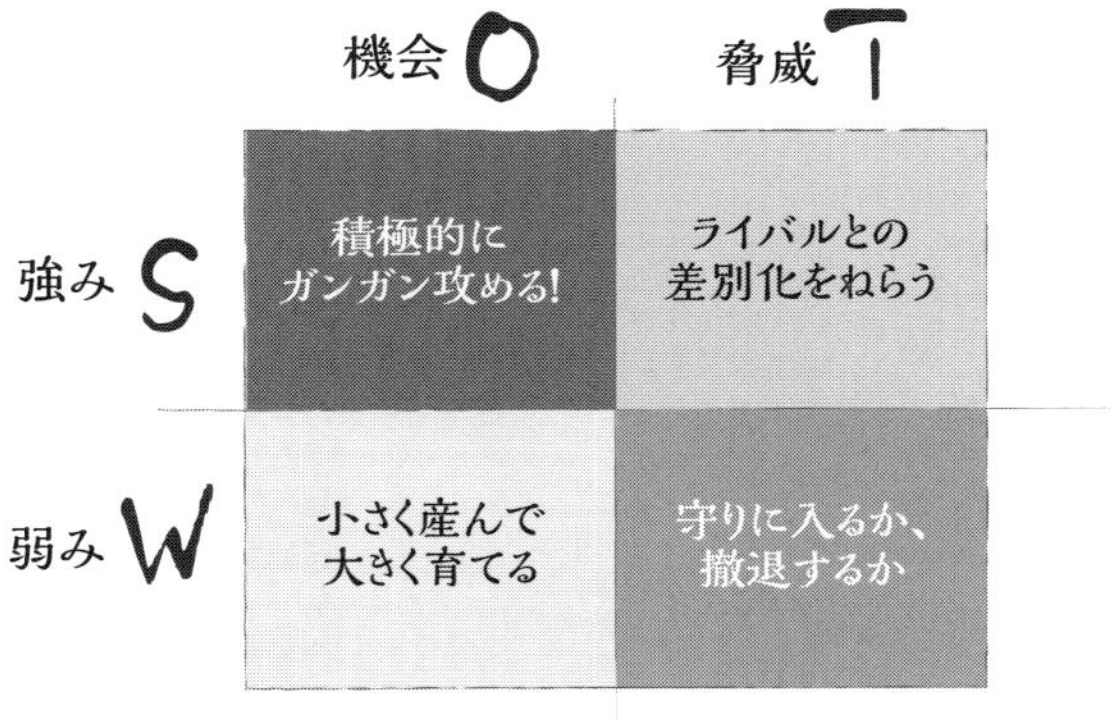

か。ここはやはり、**積極的な攻勢に出たほうがいい**でしょう。

次に、右の上、自社の強みがあって脅威もあるところです。ここは、自社としては強いのですが、市場は縮小していくかもしれないところです。そうすると、需要が減っていくわけですから、「他社とはここが違うんです」ということをしっかりと打ち出していく。要するに、**差別化戦略をとっていく**ということです。

次に、左下、機会はあるけれども自社が弱い、というところ。自社の弱みによって、せっかくの機会を取りこぼさないためにはどうしたらいいか。ここは、**段階的な施策を打っていく。**市場が伸びている中であっても、強みを持っている企業に勝つのは非常に難しいことです。ですから、小さく産んで大きく育てていく必要があります。

最後に、右下、自社が弱く、脅威もあるところです。自社が弱くて、市場が縮小している、リスクが高いところです。ここは、想定される最悪の事態を避けるにはどうすべきかを考えて、**撤退、あるいは防衛**しなければいけません。

このように、4つのポイントから課題を洗い出し、いかに自社の強みを活かして機会をとらえ、弱みを克服しつつ脅威を取り除くのか。その戦略を導き出していくのです。

ただし、このSWOT分析、またマトリックスにおいても、強み、弱みをそのまま受け容れてしまうより、**「本当に、そうなのか」**と突っ込んで考える必要がありそうです。

たとえば、先に説明した電動自転車の売り上げを伸ばしたB自転車店は、従業員が2人だけの企業規模がとても小さな会社でした。

戦略を考える際、要員が足りないことは普通はこれを「弱み」ととらえるのですが、この自転車店は、逆転の発想で、その規模の小ささを、小回りの利く「強み」

ととらえ、２人でなければできないこと、２人だからこそできることを徹底的に考えました。

その強みを活かして、独創性のあるチラシをつくり、きめ細かなサービスを提供するという独自のスタンスに行きついたのです。

このように、「常識で考えれば……」という呪縛《じゅばく》から離れることが、特に競合が強い場合には必要になってくるでしょう。

スタバとマックとコンビニは、何が違うのか

３Ｃ分析やＳＷＯＴ分析を使って戦略を練る際に、自社と競合とはどこが違うのか、その差異点を洗い出す作業をすることがあります。なぜなら、差異点、つまり「違い」は「強み」の源泉になるからです。

ところが、これだけモノやサービス、さらには情報があふれている競争過多の時代になってくると、「違い」をつくり出せるポイントをリストアップしましょうと言っても、なかなか難しいのが現状です。製品の内容にしろ、価格にしろ、「違い」

をつくっても、すぐに競合から追随される、表現を変えればマネされることが多いからです。

ですから、この場合は、**差異点と同時に「類似点」も一緒に出していく**といいでしょう。

スターバックスの例で考えてみましょう。

競合となるのは、同業のカフェチェーンだけではありません。この場合、コーヒーを提供しているということで、❶マクドナルド、❷スーパーやコンビニで売っているスティックタイプのコーヒー、さらに❸街の喫茶店、この3つを考えてみます。

人によって、いろいろ意見が異なると思いますが、私なりに整理してみましょう。

まずマクドナルド。スタバとの類似点は、便利なこと、値段が安いこと。差異点は、スタバは値段の割に本格的、イメージがお洒落、サービスの質が高い、ゆったりできるスペースがある、といったことです。

次にスーパーやコンビニで売っているスティックタイプのコーヒーです。類似点は、便利で安いこと。差異点は、スタバは飲むスペースがあって商品のラインナップが豊富なこと、挽き立てのものが飲めることです。

最後に街の喫茶店です。類似点は、ゆったりできるスペース、質の高いサービス。差異点は、便利で早く安いというところです。

ここから話を発展させて、顧客が「コーヒーを飲みたい」という場合、多くの選択肢がある中でスタバを選ぶ理由は、「便利で安いお店がいいけれど、割と本格的で、かつゆっくりと過ごしたい」ということになります。

「違い」をつくるために、似ているところを探る

ここで注目すべきは、ひとつの商品やサービスが提供する「価値」には、複数の側面があるということです。

私たちは、「強み」という言葉を聞くと、どうしても絶対的に優れている単独のポイントを連想してしまいます。

しばしば口にされるセリフに、「弱みを矯正するより、強みを伸ばせ」というのがあります。これには正しい側面もあるのですが、1点の強みを伸ばし、顧客にメッセージとして伝えても、顧客は価値を「総合的」に判断しますから、それだけを

もって選んでもらえるとは限りません。

テレビ番組で、「店は汚いけれども、とびきり美味しい料理店」が紹介され、話題になることがあります。これは、よほど珍しいから、あるいは店主のキャラが立っていて番組的に面白いからなど、特殊の要因があるからテレビに出られるのであって、料理店は清潔で、落ち着くほうが顧客から好まれる確率は高まります。

美味しい料理を提供することは、外食業にとっての大前提となりますが、顧客は食事をすることによって、「美味しい」と感じたいだけでなく、リラックスしたい、雰囲気を楽しみたい、新しいものに触れたいなど、さまざまな価値を求めます。

ですから、市場でユニークな価値を提供する存在になりたい場合、ひとつの絶対的なポイントだけを売りにするのではなく、**数多くの提供可能な価値の組み合わせによっても、独自の強みを手に入れることはできる**のです。これは、スタバの例を

見ても、わかりやすいと思います。

このように、自社が新しくできること、「違いを」つくれるポイントを明確にするには、競合との類似点と差異点を考えられるだけ洗い出して、それを把握、比較することが一番の近道になります。

ハーレーはバイクだけれど、まるで「人間」だ

本書でも何度もご登場いただいているドラッカー先生は、「事業を定義するには、顧客を知れ、事業は顧客によって定義される」という主旨のことを述べています。

これは、顧客が本当に欲しいものを提供できていますか？ 顧客が想像していなかったもの、期待を超えるようなものをちゃんと世の中に出していますか？ という意味なのだろうと、私は解釈しています。

顧客の期待を超えるものを提供するというのは、それこそ「違い」を生み出すことにつながっていくのですが、これはとても難しいことです。

では、どう考えればいいのでしょうか。ここで、ひとつの提案です。

差別化よりも、独自化を考える。

差別化とは、競争が厳しい市場において、自社の商品やサービスを競合よりも少しでも優れたものにしようとすることです。

一方、独自化とは、他社がまだやっていないことを市場に出していくことです。これはハードルが高いように思えて、知恵と工夫次第で、いろいろな方策が考えられます。第1章で紹介したイノベーションによって、ブルー・オーシャンを見つけるというのは、そのいい見本です。

これは、新規分野へ進出しようと言っているわけではありません。自らの事業領域（ドメイン）から遠く離れることなく、自分だけが持つ独自の価値を顧客に提供していくことが大切なのです。

そのとき、その独自の価値を物語風にドラマチックに顧客に伝えていくことが望まれます。

これについては、『ブランド優位の戦略』（ダイヤモンド社）などの著書がある、アメリカの経営学者、マーケティング研究者のデービッド・アーカーの研究が参考になります。

人間にそれぞれ個性があるのと同じように、ブランドが持つ個性を擬人化することを「ブランド・パーソナリティ」と言います。ブランドにも、誠実、刺激、能力、洗練、素朴などのパーソナリティがあるというのです。

たとえば、アメリカのバイクメーカーの「ハーレーダビッドソン」と聞いただけで、知っている人は、男らしい、たくましいといった印象が自然と浮かびます。また、「エルメス」と聞くと、エレガントで洗練された印象を持ちます。

他にも、いろいろなブランドを思い浮かべて、そのパーソナリティをイメージしてみてください。きっと、**有名なブランド、長く続いているブランドには、何かしら人間の個性のようなものが印象としてある**はずです。

ブランドとは、人間性、パーソナリティを持って独り立ちしていったときに、その価値がわかるものなのです。その個性、独自性をストーリーで伝えることが、どうすればできるのかを懸命に考えなければなりません。

2つのアプローチで顧客の心理をリサーチする

さて、こうしたさまざまな分析をする際には、どうしても「調査」が必要な局面が出てきます。マーケティング戦略を立てていると、たいていの場合、疑問点や課題が浮上するのです。

そうした疑問を明らかにするため、あるいは判断材料とするために、市場に対してリサーチを行うことがあります。これまで、安易なリサーチはいけないとお話ししてきましたが、やはり避けては通れません。

ですから次に、マーケティングのリサーチ方法についてご説明します。

ここでひとつ気をつけるべきなのは、「何が課題か、疑問かはよくわからないけれど、まずはリサーチしてみましょう」という「リサーチありき」の考え方はダメだということです。

リサーチとは、自社の商品やサービスに課題があって、それを解決するために行うものです。仮説を立て、リサーチを行い、ひとつひとつ検証して課題をクリアしていくわけです。

それなのに、課題も仮説も具体的ではなく、「とりあえずリサーチ」というのでは、本末転倒です。リサーチを行う前に、なぜそれが必要なのか、その目的をまずはチェックする必要があります。

市場リサーチの方法は、リサーチで得られる情報の種類から、大きく2つに分けることができます。

ひとつは量的なリサーチ、もうひとつは質的なリサーチです。

量的なリサーチとは、数字的なリサーチ、つまり、数値を使って表すための調査です。調査結果が数字で表せるので、客観性があり、全体を把握しやすいのが特徴です。

たとえば、試供品を使ってもらって、「これを買おうと思いますか」と質問すると、それに対する回答は、「❶はい50％、❷いいえ30％、❸わからない20％」のように数値として表現することができます。

一方の**質的なリサーチは、数値では表せない、感覚的なものを調べていく調査**です。それにより、回答者の本音やニュアンスを引き出すことが可能になります。

これも同じ試供品を使ってもらって、「これを使ってみて、何を感じましたか」といった質問をすると、感想を聞くことができます。

マーケティング・リサーチにおいては、このように必要や状況に応じて質問し、データを集めていくのが大きな役割です。

「満足したか」と聞かずに、「不満は何か」と聞く

では、これら2種類のリサーチを実際はどのように行うのでしょうか。

マーケティング戦略として、新たに広告キャンペーンを行う場合、広告デザインなど、いわゆるクリエイティブをゼロからつくっていくことになります。ここで、効果の薄い広告を展開してしまうと、多額のコストがムダになってしまいます。

そこで、事前にリサーチを行って、広告が顧客にどのように受け取られるかをしっかり調べるわけです。

私がブリティッシュ・アメリカン・タバコで、たばこのブランドマネージャーとして、「ラッキーストライク」の担当をしていた際、シェアを拡大させるため、新

たな広告キャンペーンを展開することになりました。

そこで、新しい広告デザインをつくり込んでいくわけですが、市場で広めたいブランドイメージを試作広告として具体化したうえ、「この広告を全国展開していったら、競合商品の愛好者の1割はラッキーストライクへスイッチしてくれる」という仮説を立てたとします。

そこで、これを検証するために、まずは質的なリサーチを行います。

リサーチにおいて、質問に答えてくれる人々を「サンプル」と言います。このサンプルの方々に新しい広告デザインを見てもらい、それぞれの感想を聞き取ります。「デザインがかっこいい」「ロゴの赤い色がきつすぎる」など、いろいろな意見を集めます。

さらに、この広告を全国展開した場合、たばこをスイッチしてくれる顧客はどれくらいになるのかを調べるために、量的なリサーチを行います。

新しい広告作品を、競合の愛好者1000人くらいのサンプルに見せてアンケートをとってみます。質問の答えは選択式で、「はい」「いいえ」などで答えられるものです。そこで、「ラッキーストライクにスイッチする」と答えた人が50人だったら、スイッチは5％という数値で表せるということになります。

そして、質的、量的リサーチの結果をもとに仮説を検証し、より精度の高いプロモーション活動をできるようにするわけです。

顧客の本音を知るためにリサーチや分析を行い、その中から顧客が本当に欲しいと思うものを見つけ出す――。

文章にすると、簡単ですが、これを実際にやるとなると、それはとても難しいことです。

リサーチをして、得られたデータに惑わされるかもしれません。前にも書いたように、顧客はいつも本当のことを話してくれるとは限らないからです。でも、「本当の答え」も顧客の中にしかありません。やはり迷ったり、困ったりしたら、顧客に聞かなければなりません。

その場合に、ひとつコツがあります。**顧客を自分の仮説に誘導してはいけない**ということです。さらに、**質的な聞き方をすることによって、顧客の本音を探ってみる**のです。

たとえば、顧客の満足度について、「うちの店のサービスに満足していますか？」

と面と向かって質問されたら、たいていの人は「はい」としか答えることができません。ですから、不満足な点、いやだなと思ったことを聞いてみる。そうすれば、顧客は本音を答えやすくなるはずです。

先に紹介した引越一番が、作業終了後、「お気に召さないところがあったら教えてください」と「不満足度アンケート」を行っているのは、顧客の本心を聞き、翌朝には改善したいからです。

飲食店やタクシーにも、「不満に思われた点があれば、お書きください」という紙を用意してあります。これも、従業員を規律づけるだけでなく、顧客の本音を聞き出すことによってサービスを向上させる、つまり持続的イノベーションに結びつけられるという側面がありそうです。

買い手目線になるのは、とても簡単

何しろ、顧客の本心、本音に迫れなければ、顧客目線でものを考えることはできません。しかし、そうは言っても、これがなかなか難しい。ではどうすればいいの

いろんな視点で顧客になる
次はいつ出るんだ?
売れ筋は何?
顧客
いつ届くんだ?
もっと何かない?
早く欲しい!

か。2つヒントがあります。

ひとつは、**顧客になりきる**こと。売り手と買い手というのは、時と場合によっての分け方なだけであって、売り手だって立場を変えれば、常に顧客の立場を持っているわけです。

ですから、自分が顧客になりきって疑似体験してみます。これは、トヨタ自動車の言うところの「現地現物」に近い面もあります。現場に行って現物を自分の目で見て、自分で考えるということです。

先に、優秀なマーケターは、常に顧客が行きそうなところに、自分で直に行って体験すると書きました。B自転車店の店長が、ママ友がランチをしている現場に行って、その様子を実際に見たことで、共同購入という仕掛けを思いついたのが好例でした。

デモグラフィックとジオグラフィック、人口統計学的なことと地理的なことは、情報からわかりますが、ビヘイヴィア（行動）、サイコグラフィック（価値観）、インサイト（本音）は、自分で実際に見に行って、体験しないとわかりません。

私がブランドマネージャーをしていたとき、「ラッキーストライク」の主なターゲットは、20代前半の男性で、都心に住んでいる人でした。このデモグラフィックとジオグラフィックの面だけでは、最大の競合ブランド「マールボロ」とどうしてもかぶってしまいます。

そこで、ターゲットの顧客は、どんな行動をして、どんなことを大事にしているのか、実際に彼らが集うところに見に行って、自分の目で見つけてこようと思いました。

銀座や六本木のたばこ店へ行ったり、深夜のクラブやライブハウスで観察したりしました。すると、競合ブランドを吸っている人は仲間とワイワイ楽しんでいる人が多く、ラッキーストライクのスモーカーは、1人の時間を楽しんで吸っている人が多いな、ということがわかったわけです。

そうすることで、頭の中に顧客像がしっかり造形され、かつ競合の愛好者との「違い」もよくわかって、「どうやって」売るかを考えるときに、彼らに一番刺さる表現、一番伝わる媒体が思い浮かぶようになりました。

アマゾンでマーケティングの責任者をしていたときも同じです。アマゾンはウェブのショッピングサイトですから、ラッキーストライクのときのように、現場へ行って観察することはできません。顧客に「買っているところを見せてください」ということは難しい。

ですから、自分たちで実際に買ってみるのです。競合の楽天、ヤフーで買ってみるのと同時に、自社でも買う。すると、自社にはなくて競合にあるもの、逆に競合にはなくて自社にはあるものが発見できます。

このような場合で、ターゲットのインサイトを知るためには「疑似体験」をしてみればいいのです。

いずれにしても、顧客の本音と価値観を見つけるのはたいへんなことです。ですから、ここでの提案は、顧客の一日の行動を想定して書き込めるワークシートを作成するといいと思います。朝起きたら何をするのか、読んでいる新聞・雑誌、好きなテレビ番組、趣味など、事細かに具体的に書き込んでいくのです。そうすれば、顧客像を想定しやすくなると思います。

Wiiをヒットさせた「原点」の力

顧客目線になるためのもうひとつのヒントは、**迷ったら「原点に返ってみる」**ということです。

そもそも自分のやりたかったことは何なのか、その目的や商品の必要性、存在意義などについて、原点に立ち返って考えてみるのです。

ビジネスをしていて、競争が過剰になり、売り上げが不振になったり、利益が上げられなくなってくると、どうしても競合に勝つことそのものが目的になってしまって、初心を忘れてしまうことがあります。

そうして、不毛な競争にはまってしまったり、新規分野への進出を安易に志向してしまったりして、本来、自分たちは何がやりたかったのかから、離れてしまうことがあります。

少し古い例になりますが、２０００年代初頭、家庭用ゲーム機の業界では、マイクロソフトのＸｂｏｘやソニーのプレイステーションなど、どのメーカーもこぞってゲーム機のスペックを上げて高性能なものを市場に投入しようとしのぎを削っていました。

これはこれで、まるで映画のようなビジュアルのゲームで遊びたいという顧客もいるのですから、完全に間違った選択と断ずることはできません。

ただし、顧客の中には、シンプルでわかりやすく面白いゲームをやりたい、子どもからおじいちゃんまで一緒にゲームを楽しみたい、というニーズも必ずあるはずです。

そんな中、任天堂がシンプルな性能の「Ｗｉｉ」を出しました。操作は簡単で、家族みんなで楽しめるソフトも用意されていました。これは、顧客は何のため

にゲームをするのか、どう顧客の期待に応えたいのかをしっかり考えられたから世に出せた商品だと思います。これに顧客が反応し、世界的に大ヒットしました。

このように、一度原点に返ってみる。そうすることで、売り手目線から買い手目線、顧客目線、お客様目線に転換できるようになるのです。

第5章

「売れる」の公式を知っている人

学んで実践する

実践は100人に10人、成功は1人だけ？

世の中には、マーケティングの本が数えきれないほど存在します。いずれの本もさまざまな切り口でマーケティングについて解説していて、そこから多くの学びを得ることができます。

とはいえ、本を読んで終わりにしていてはいけません。いろいろな考え方の枠組みを学んだのなら、それを実践して仕事の成果につなげなければ意味がありません。**実践して行動すること**。それだけが仕事の成果につながります。

私は、セミナーや講座を通して、1年におよそ1000人から2000人の方々とお会いしています。

この経験から言えることとは、たとえば、私のセミナーに100名の方が参加してくれたとして、そこで私がお話ししたことを実践される方は、だいたい10人くらいです。1割くらいの方が実際に行動を起こしてくださいます。

その中で、きちんと成果が出ている方というのは、1人です。ですから、1パーセントということになります。「ずいぶん成功率が低いではないか」と思われる方も多いことでしょう。

けれども、ここに数字のマジックがあって、お話を聞いてくださった100人のうち実践したのは10人、そのうち1人が成果を上げています。

ということは、実際に行動した人の中で成果が出る確率は、1パーセントではなく10パーセントです。確率が10倍に上がるわけです。

私がいつもセミナーや講義で言うのは、「明日やろうは馬鹿野郎」。英語で言えば「ナウ&ネバー(Now & Never)」です。今やらないと絶対に成果は上がりません。

行動するか、しないか——。これが最初の分かれ道になるのです。

成果を上げている人の3つの共通点

これまで私が見てきたさまざまなケースの中で、成果を上げることができた方々には、3つの共通点があります。

まずひとつは、「**❶行動に移すのが速い**」のです。

私の講座は、通常1カ月に1回のペースで半年にわたって行っています。そこで毎回、次の講座までにやってきていただく宿題を出しています。講座のクラスでSNSのグループをつくって、翌月の講座までに各自宿題をアップしておくことになっているのです。

以前、受講生にエステサロンのオーナーの方がいらっしゃったのですが、その方は行動するのがとにかく速い方でした。

毎回講座が夜6時に終わると、30分ほどみんなで雑談をして、それから懇親会が開かれるお店へ移動する、というのがいつものパターンなのですが、その方は、私たちが雑談をしているその30分の間に、宿題をSNSにアップしてしまうのです。

せっかく聞いたことも、時間があいてしまうと、忘れてしまったり、行動に移せなくなってしまったりします。「鉄は熱いうちに打て」と言いますが、学んだことをアウトプットする、その速さも非常に大切です。

2つめは、「**❷とても素直**」だということです。

講座を聞いて「そんなことは知っているよ」「前にも聞いたことがあるけど、勉強にはなりました」などと言う方は、たいてい何も実践されません。

どんなに優秀な方でも、たくさん本を読んだりセミナーを受講したりしている方でも、実践しないことには結果を出すことはできません。結果を出す方、成果につなげる方は、とにかく素直に聞いて、愚直に実践されています。

最後は、やはり「③**勉強熱心**」だということです。

この勉強熱心というのもクセモノでして、本をいっぱい読めばいい、セミナーにたくさん出ればいいというわけではありません。

仕事というものには「終わり」がありません。マーケティングの世界、経営の世界では、常に自分を改善していかないと、すぐに顧客に飽きられてしまいます。

ですから、顧客はどうしたら喜んでくれるか、驚いてくれるか、どうしたらいいサービスができるのか、そういうことを貪欲に探していかなければならないのです。

自分が持っている課題に対して、ひたむきに情報を集める姿勢がある、そういう意味で「勉強熱心」だということです。

これらのポイント、私なりに整理しますと、マトリックスで表すまでもないのですが、マーケティングにおいては、「勉強する」「実践する」という2つの軸がとても重要になります。

もちろん、「勉強して、実践する」人は、成功確率が飛び抜けて高くなります。次に、「勉強しないが、実践する」人は、成功するかもしれませんが、確率は低くなるでしょう。

そして、「勉強して、実践しない」人、さらに、「勉強しないし、実践もしない」という人は、成功する目そのものがありません。何しろ実践していないのですから。

成功事例をそのまま実践してはいけない

この本には、いろいろと事例を書かせていただきました。人は、理論やセオリーを理解するだけでは、しっかりと自分の腹に落ちないからです。

具体的な事例を紹介することで、皆さんが自分の問題として実感しやすくなる、自然に理解できるようになるのではないかと考えたのです。

成果が出ている事例としてご紹介した会社、またその会社の方々は、皆さん、とても強い気持ちを持っていて、たいへん前向きです。また、基本に忠実と言いますか、基礎にのっとって実践されている方が多いように思います。

基礎がしっかりしていると、それをうまく応用できるようになります。

直球は打てるのに、変化球に対応できないバッターは、しっかりとした向上心があるのなら、必ず素振りからやり直します。

ビジネスも同じです。仕事の実践の場であっても、基礎ができていて初めて難しい事態に対応できるようになるわけです。

では、「基礎にのっとって実践する」とはどういうことなのでしょうか。

それは、もちろん、ここで紹介した事例をそのまま実践することではありません。他人の成功体験をマネしたところで、うまくいくはずがないのです。

また、世の中にはたくさんのマーケティングの本があって、その中で数えきれないほどの事例が紹介されています。世界中の経営学者、マーケティング研究者が、世の中のさまざまな事例をまとめて、普遍化、体系化しようとしています。

それがすべて自分の課題を解決してくれるかといったら、当然そんなことはないわけです。

ここで、しばしば私たちが陥りがちな間違いがあります。それは、成功事例の「考え方」を学ぶのではなく、「やり方」をマネてしまう、ということです。

マーケティング関連の書籍、あるいはセミナーなどで紹介される**成功事例は、そのほとんどが自分の頭で、考えて、考えて、考え抜かれて実践されています。**その意味では、たいへんオリジナリティにあふれているケースがほとんどです。

本書でも、何度も紹介しているように、顧客に選んでもらうには、ユニークな価値、つまりオリジナリティをいかに生み出すかが大きなポイントになります。

しかし、人間は、自分の頭をとことん使って考えることを面倒だと思いがちな動物ですから、どうしても他人が成功しているケースを見ると、安易にマネをしたくなります。

そして、成功者と似たような商品、好調な会社と似たようなホームページ、売れている店と似たような商品ラインアップにしてしまいます。

こういうケース、皆さんも、しょっちゅう目にしたことがあると思います。

ごく普通の人でも、MBA的な思考はできる

本書でも説明したように、まず顧客に想起される「トップ・オブ・マインド・マーケットシェア」を勝ち取るには、もちろん例外もたくさんあるのですが、先行者が圧倒的に有利であるのは間違いありません。

そして、先行者になるには、第4章でも説明したように、「独自性」を大事にし、ユニークな価値を提供することです。

では、世の中でいろいろ紹介されている事例から、どうやって学べばいいのでしょうか。それには、考え方のコツがあります。

まずは、自分に合った事例から学び、実践するためには、本やセミナー、勉強会などで**インプットしたものの中から、不要なものをすべて捨てる**ことです。そして、事例として学び、自分の心に響いたものだけを残します。

そして、残ったものの中から、自分の課題と似ているところ、自分にとって重要だと思った部分は何かをピックアップしてみます。

そうして、ここからが重要なのですが、ピックアップした事例があったら、その事例がどのように考え出されたのか、その背景にあるフレームワークと理論、これをしっかりと理解していただきたいのです。

ときには、事例だけ紹介されていて、その背景にある考え方がロジカルに解説されていないことも多いのですが、その場合は、「**この人たちは、どういう経路で、この実践方法にたどり着いたのだろう**」という点をしっかり突き詰めます。

学者の言うことがすべて正しいかどうかは別として、やはり基本となる考え方は身につけておいたほうがいいに決まっています。

背景にある理論を理解できれば、客観的かつ効率よく課題を分析したり、解決策を導いたりできるようになっていきます。

私も、アメリカの大学のビジネススクールで、大量のフレームワークを学び、講義でケーススタディの議論を始めた頃には、勉強そのもののハードさ（講義の前提となる宿題が半端ではないたいへんさでした）と、理論を用いて具体例を解きほぐす柔軟ないわゆるＭＢＡ的な考え方ができずに苦しみました。

けれども、理論を学び、自分の頭で「やり方」を考えるクセがついてくると、考えることが苦にならなくなり（むしろ楽しくなり）、マーケティング理論を仕事で使えるようになってきました。

そのうえで実際の仕事で経験を積むうちに、ごく普通の日本人である私でも、（もちろん失敗は多々ありますが）ビジネスでの打率が上がってきました。

もちろんマーケティングの世界には天才がいます。けれども天才は、天才であるがゆえに教科書に載り、ニュースになるのであって、世の中で特別の脚光を浴びているわけでなくても、確実に成功している普通の人はたくさんいるのです。

勉強して、考え、それを実践する、行動に移す。考えているだけでは何も変わりません。行動すること、それだけがビジネスを成功に導いてくれるものなのです。

「売れる仕組み」は、全員が知らなければならない

私はこの本を企業のマーケティング部の方だけではなく、営業・人事・経理などをはじめとした、あらゆる部署の方々に読んでいただきたいと思っています。

なぜなら、この本の中でお話ししてきたことのすべてが、事業経営につながるこ

とだからです。つまり、マーケティングとは経営そのものです。

私は、よく言われるように「誰もが経営者の立場になって考えろ」と主張しているわけではありません。

また、マーケティングを学んだからといって、すべての人の日々の業務の内容それ自体が変わるわけでもありません。

けれども、マーケティング的な考え方が身につくと、自分の仕事への理解がより深まって、顧客に近い判断ができるようになります。

たとえば、売り上げを上げるのに苦労している営業部員の場合。人は売り込まれることを嫌うので、こちらが売ろう売ろうとすればするほど、顧客は逃げていってしまいます。

もしマーケティング的な考え方が身についていたら、売り手目線ではなく顧客目線に立った営業トークを心がけるようになるでしょう。

少しずつ顧客の心をとらえて良い関係が築ければ、強引に売り込まなくても買ってもらえるようになるはずです。

あるいは、膨大な数の顧客リストがあって、どこから手をつけたらよいかわからない場合、マーケティング発想があれば、そのリストをきちんと精査できます。そうすれば、むやみやたらと営業をかけるよりも、何倍も効率的で成果の上がる営業活動ができるようになるはずです。

人事部の方はどうでしょうか。人事考課の仕組みをつくっている方であれば、既存の評価システムに、「顧客視点を持っているか否か」という評価基準を加えてみる。本来もっとも大切である顧客のために働ける社員を評価すれば、会社全体にいい影響が出るはずです。

あるいは、社員を採用するとき、異動を考えるときに、顧客視点でマーケティング的な発想ができる人を採用するように考えるでしょうし、どのような要員配置をすれば、より顧客に価値を与えられるのか、ユニークな価値を提供できるのかを考えるようになるでしょう。

では、経理の方はどうでしょうか。

現場で売る人、また売る戦略を考える人にとっては、「広告を大規模に展開したい」とか、「プロモーションの予算を多く欲しい」と、予算を確保するのも大きな仕事のひとつです。

一方、経理の方は、コストを削減することが仕事ですから、「そんなお金、どこにあるんですか。無駄な広告宣伝費は削ってください」と断るわけです。ですから、経理とマーケターはよくケンカをします。

けれども、もし、経理の方がマーケティング的な考え方を身につけていて、プロモーションの中身を理解していたら、「新商品の認知度を上げるためには先行投資が必要だな」など、多角的な予算策定ができるようになるはずです。

マーケティング部だけがやるには重要すぎる

ヒューレット・パッカードの共同創業者デビッド・パッカードは、こんな有名な言葉を残しています。

「マーケティングはマーケティング部に任せるには重要すぎる」

どれだけ素晴らしいマーケティング戦略を立てたとしても、実際にそれが成功するとは限りません。なぜなら、製造部門、営業部門、人事や経理といった管理部門、会社のあらゆる部署が一丸となって取り組まなければ、顧客にその価値を届けることはできないからです。

ですから、すべての部署の人にマーケティング的な考え方を身につけてもらうことは、とても重要なことです。

顧客目線で会社を変える

私がアマゾンで学んだことは「顧客中心主義」でした。

多くの企業経営者が「顧客満足度を上げろ」とか「お客様第一主義を実践しろ」などと言っている中で、アマゾンの創業者ジェフ・ベゾスは、まったく別の視点で、顧客中心主義を主張していました。

つまり、企業としてのすべての意思決定の基準を顧客に置くことにしたのです。

私が勤めていた当時、彼は、「顧客体験価値を最大化しなさい」と常に社員に言っていました。アマゾンのサイトに行ったら、楽しく、早く、便利に買い物ができる。そういう体験を最大化してお客様に提供しなさい、と言うのです。

その徹底ぶりたるや本当にすごいものがありました。

では、アマゾンのように、顧客を中心に考えるという発想を具体化するにはどうしたらいいのでしょうか。

それには、やはり顧客になりきる、自分が顧客だったらどうしてもらいたいか、を常に考え続けることが大切です。

顧客目線を社内に浸透させていくと、会社は必ず変わります。

どんな価値を提供したら喜んでもらえるか、どうしたら期待を超える価値を提供できるのか、そういうことを社員全員が常に考えるようになったとき、顧客に選ばれる会社、何回もリピートしてもらえる会社、他の顧客も紹介してもらえる会社になります。

気持ちは伝わっていくものです。

マーケティング・マインドを広げていけば、きっと会社はマーケティング・カンパニーへと変わっていくはずです。

あとがき

仕事柄、私はいろいろな会社や商品、お店に接するため、それらを観察する機会に恵まれています。うまくいっているところ、なかなか思うようにいっていないところなど、その様子は千差万別です。

もちろん、マーケティング的な視点で見て、「ああ、あの会社は考えることをサボっているなあ」とか、「この商品は、顧客のことを見ていないなあ」という例もあるのですが、多くの方々は、成果を上げようと懸命に努力を続けています。

では、どうしてうまくいかないのだろう――。

その原因を探っていくと、ほんの些細な部分で、「惜しい」という例ばかりです。その惜しい部分は、少しだけものの見方を変えて工夫するだけで軌道修正でき、収益を好転させることが可能なものばかりです。

私は、このちょっとした「惜しい」がなぜ発生し、気づかれないままなのかを読者の方々と一緒に考えるために本書を書いたつもりです。

世の中にあふれる、マーケティングを含め、ビジネスに関するノウハウや情報の多くは、しっかり学べば、自らの商売の質を向上させるために有用なものです。

ところが、ビジネスの方法論が高度化、細分化していき、それを参照するようになると、何に対して、どこから手をつけるべきなのかがわからなくなります。そして、実際の仕事にどう応用すべきなのかを考えることで頭がいっぱいになってしまい、なかなか実効性のある施策に手が回らなくなってしまうのです。

スポーツの世界も、時代が進むにつれて、選手が身につけるべき技術、監督が学ぶべき戦術がどんどん高度になっていきますが、それでも大切なのは、やはり基本です。素振りもしっかりやっていない人が、いきなりプロの試合に出場しようとしても無理がある、というわけです。

そこで本書では、私がビジネススクールから一貫して学び、外資系企業や大企業で実践し続けてきたマーケティングの思考ツールとその実用経験をもとに、「売れる仕組み」を身につけるための基本をごくごくシンプルに解説しています。大企業の方々だけでなく、中堅中小企業や個人事業主の方々にも「自社のビジネス」に当てはめて読んでいただければ、実際の仕事に使える内容になっているはずです。

それはＳＮＳの時代になっても変わりません。

もちろん、本書をお読みいただいただけでも、実際のビジネスに役立つと思いますが、さらに本書で紹介した数々のマーケティングの巨人たちによる思考枠組みを学んでいただければ、もっと奥行きのある考え方ができるようになります。

ですから、本書の中では、可能な限り、参照した書籍とその著者などをご紹介しています。ぜひ、手にとって読んでみてください。ビジネスで、さらにマーケティングの世界で結果を出すことがもっと面白く感じられるようになるはずです。

最後に、本書を読むことによって読者の皆さまがそれぞれの「売れる公式」を発見して、実践していただき、結果を出すことができたら、著者としてこれほど幸いなことはありません。

ありがとうございました。

２０１７年７月

理央　周

本書は、２０１４年10月に日本経済新聞出版社から発行した同名書籍を文庫化にあたって一部改稿したものです。

日経ビジネス人文庫

「なぜか売《う》れる」の公式《こうしき》

2017年 8 月 1 日 第1刷発行
2020年10月14日 第3刷

著者
理央 周
りおう・めぐる

発行者
白石 賢
発 行
日経ＢＰ
日本経済新聞出版本部
発 売
日経ＢＰマーケティング
〒105-8308 東京都港区虎ノ門4-3-12
ブックデザイン
やなかひでゆき
印刷・製本
凸版印刷

Printed in Japan ISBN978-4-532-19831-2

nbb 好評既刊

昨日までの世界 上下

ジャレド・ダイアモンド
倉骨 彰＝訳

世界的大ベストセラー『銃・病原菌・鉄』の著者が、身近なテーマから人類史の壮大な謎を解き明かす。超話題作、待望の文庫化！

超入門 資本論

木暮太一

20世紀以降の世界に影響を与えたマルクスの名著『資本論』のエッセンスを身近な話題から解説。難解な経済理論が楽しくわかる超訳本。

超ロジカル思考

高野研一

ジョブズ、ベゾス、孫正義など勝ち残るビジネスリーダーの「直観力」を身につけよう。実例をもとにしたエクササイズが詰まった一冊。

日経記者に聞く 投資で勝つ100のキホン

日本経済新聞社＝編

決算や相場分析などにかかわる投資の基本用語を、100項目でわかりやすく解説。投資で成功するための必須知識が身につきます！

山一證券の失敗

石井 茂

山一證券の最期を見届け、その後、ソニー銀行の創業経営者となった著者が、山一自主廃業までの顛末と日本企業共通の「失敗の本質」を抉る。

nbb 好評既刊

投資レジェンドが教えるヤバい会社
藤野英人

6500人以上の社長に会い、成長企業を発掘してきたファンドマネジャーが明かす「68の法則」。会社の本質を見抜くヒントが満載！

すぐれたリーダーに学ぶ言葉の力
齋藤 孝

傑出したリーダーの言葉には力がある。世界観と哲学、情熱と胆力、覚悟と柔軟さ――。賢人たちの名言からリーダーシップの本質に迫る。

カリスマ投資家の教え
川上 穣

トランプ勝利を予言したガンドラック、世界一のヘッジファンド率いるレイ・ダリオ――。カリスマ投資家6人の戦略と素顔を描き出す。

80の物語で学ぶ働く意味
川村真二

誰もが知っているあの人も悩んだ末に自分の道をみつけた。エピソードと名言を通し、生きることと働くことの意味を考える人生アンソロジー。

「ダラダラ癖」から抜け出すための10の法則
メリル・E・ダグラス
ドナ・N・ダグラス

仕事ができない人はなぜ習慣的に時間をムダにするのか？　時間管理と仕事の進め方のコツを伝授した超ロングセラー、待望の文庫化！

nbb 好評既刊

サントリー対キリン
永井　隆

海外進出をはじめ変革を進めるサントリー、国内ビール復活のため攻勢に出るキリン――企業風土から成長戦略まで、2強を徹底分析！

スゴい営業　そこまでやるか
日経産業新聞＝編

取引先をさかのぼり情報収集、お客に代わって親族を説得、10秒の立ち話で勝負――結果を出す営業は何をしているのか？　必勝テク全公開。

「一流」の仕事
小宮一慶

「一人前」にとどまらず「一流」を目指すために、仕事への向き合い方やすぐにできる改善、スキルアップ法を、人気コンサルタントがアドバイス。

検索刑事
竹内謙礼

検索エンジンの順位は、どのようなルールで決められているのでしょうか。小説形式で検索の知られざる世界を覗くビジネスストーリー。

みんなの経営学　使える実戦教養講座
佐々木圭吾

ドラッカーの「マネジメントは教養である」という言葉を紐解き、金儲けの学問と思われがちな経営学の根本的な概念を明快に解説する。